臨床アドラー心理学のすすめ

―― セラピストの基本姿勢から実践の応用まで

鈴木義也　深沢孝之　八巻 秀　著

遠見書房

はじめに

心理臨床家アルフレッド・アドラー

　アルフレッド・アドラーは根っからの臨床家であった。

　1895年にウィーン大学医学部を卒業したアドラーは，最初は眼科医として働き，その後貧しい人々が多く住んでいたレオポルトシュタットに診療所を開業して，内科医として多くの患者の治療にあたった。

　この診療所での臨床経験が，アドラーの心理臨床家の始まりであったと思われる。

　診療所の近くにはプラーター遊園地があり，その中の見世物小屋などで働く軽業師や大道芸人が患者として診療所を訪れることがあった。彼らは並外れた体力と技を持って自らの生計を立てていたにもかかわらず，実は一方では，生まれついての虚弱さに苦しんでいたこと，後にその弱さを努力して克服していったことなどを，主治医であるアドラーに語った。それらの語りを聴きながら，アドラーは，患者の外見的なものとは違う内面的な心理的な一面について考えるようになっていった。

　次第にアドラーは，彼らが持っていた「器官劣等性」に関心を持つようになり，そこから生じるマイナスを何らかの形で「補償」しようとし，それが性格形成や行動に影響を与えているのではないかと考えるようになった。困難を克服しようというこのような衝動をアドラーが観察したことは，その後，「補償」と「劣等感」という現代心理学にとどまらずに日常語としても使われている心理学理論へと結実した。アドラーの初期の臨床実践から生まれた臨床心理学研究とも言えるだろう。

　このようにアドラーは臨床の実践から，人の心理について考える，まさに臨床心理学者であり，そしてそれ以上に，その問題をどう解決していったら良いのかを考える心理臨床家でもあった。

アドラーの臨床心理学への貢献を描く

　このようなアドラーの臨床心理学への貢献について，我々執筆者3名は，共同で『アドラー臨床心理学入門』（アルテ，2015）を執筆することにより，あらためてその意義を確認しようと試みた。『入門』と銘打っているだけあって，はじめてアドラー心理学に触れる方のために，アドラー心理学の基本的な理論から技法，そしてその応用にいたる全体像を，臨床心理学的な観点から見渡せるように，そして公平に記述しようと心がけた。それはある程度達成できたのではないかと自負している。

　しかしながら，いざアドラー心理学の考え方や技法を現代の臨床現場で実践するにあたって，実際どのように考え，実践すれば良いのか，という点については，前書では描ききれなかった部分は多かったと思われた。3人の執筆者は，その後も学会や研究会等で会って話す機会が多かったこともあり，その「アドラー心理臨床を実践していく人のための実際的な本」の執筆の必要性はずっと語り合っていた。

　今回やっとその作業に取り組むことができたのは，3名の執筆者のここ数年のさまざまな経験の積み重ねがあったからかもしれない。3名の執筆陣もそれぞれが持つ臨床現場（医療，教育，福祉，開業など）での心理実践を重ねながら，一方で講演会や研修会の講師を担当したり，新聞やテレビなどのマスコミの取材などにも対応する機会があり，それらの経験を通しても，アドラー心理学の世間の認知はここ数年でさらに広まったと思われる。

　『嫌われる勇気』（ダイヤモンド社，2013）のベストセラーから始まったアドラー心理学ブームは，一時期よりは落ち着いてきたものの，未だに続いている一つのムーブメントになりつつある。しかしながら，一般の方へのアドラー心理学の広がりに比べて，心理臨床の専門家への広がりはまだまだ足りない，あるいは「アドラー心理学によるカウンセリングは，単なる心理教育である」などという意見に代表されるような誤解があるのが現状である。このムーブメントになりつつあるアドラー心理学を，もともとアドラー自身がそう

であった心理臨床実践に活かせる手助けとなる本を書きたいという思いが，3人の間でますます強くなっていき，今回の再執筆に至ったのである。

アドラー心理臨床を実践していくために

　この本は「アドラー心理学を現場で適用するために，どのように考え，どう実践すれば良いのか」という意識を持っている人のために書かれている。

　臨床現場でクライエントと出会う前にどう考え（第1章），どのように関わり（第2章），見立て（第3章），どのように介入し（第4章），社会的リソースなどとどのように連携していくのか（第5章）。このような現場で行われる作業の流れを意識しながら章立てをしており，それぞれの段階でアドラー心理学におけるどのような思想・理論・技法を考えていくのか，その具体例なども事例場面を通して描いている。各章ともまず各段階におけるアドラー心理臨床の実践のための基本要素をいくつか示し，それらの解説を行う。必要に応じてその具体的提示として事例の一端をご紹介していく。このような形式で臨床実践の各段階を描くことによって，読者がアドラー心理臨床の実際をイメージしやすくなると考えている。また，それらの一連の流れの中で起こりうる素朴な疑問に答える第6章も設定した。

　第1章と2章は八巻，第3章と6章は鈴木，第4章と5章は深沢が執筆担当し，それぞれ各章の終わりに他の2名の執筆者が，その章について補足的にコメントするという形式にした。前書『アドラー臨床心理学入門』は3人の執筆者が章ごとに完全に役割分担をして執筆したが，もっと3名の対話的相互交流を描くことができないかと考え，このような形式を試みている。カフェで友人と談笑・対話しながら自らの考えをまとめていくのが好きだったアドラーに習い，我々も本書で3者ができるだけ「対話」しながら，アドラー心理臨床を描き出すことを心がけたつもりである。

　また，立教大学名誉教授である箕口雅博先生と執筆者3名が，ま

さに「対話」する座談会の機会を持ちことができ，その一部を第7章として記載した。箕口先生はコミュニティ心理学の実践的研究者として著名な方であるが，昨年そのコミュニティ心理学とアドラー心理学の統合を目指す著作を出されている（『コミュニティ・アプローチの実践：連携と協働とアドラー心理学』遠見書房，2016）。アドラー心理臨床の実践者同士の座談会として，刺激的な「対話」ができたと思われたので，ここに掲載することにした。

　読者にとっては，自分の興味ある段階のどの章から読まれても構わないだろう。本書を通して，アドラー心理臨床に対して少しでも興味を持つだけにとどまらず，より多くの方が自らの現場でアドラー心理学の実践していける手助けになれば幸いである。

　最後に，この本の始まりとして，アドラーが亡くなる3日前に言った言葉をご紹介する。

　「生きている間に，私はいくつかの役立つことを発見できました。そして，それらは人類のために永く役に立ってくれると思います。私は，それを幸せに思います」

2017年5月　五月晴れの青空を眺めながら

八巻　秀

目　　次

はじめに　3

第1章　ものの見方　　　　　　　　　　　　　　八巻　秀　13
（1）「治療的楽観主義」を持つ「どんな局面でも"自分にできることがある"と考えていくこと」…13
（2）「問題を対人関係の文脈に落とし込んで考えること」…16
　《事例》自傷行為を繰り返す20代の女性　17／①「問題」を特定の個人のせいに落とし込む癖（＝原因論）をやめる　19／②「相手役」を探す関係性の質問を使う　20／③クライエントの語るエピソードを聴きながら，問題や症状があることによって，クライエントや家族がどこへ向かっているのか，その仮想目標は何かを考える　20
（3）「クライエントの関心に関心を示すこと」「クライエントを信頼し続けること」…21
　《事例》「死にたい」と訴える青年　21
第1章へのコメント…24

第2章　関わり方　　　　　　　　　　　　　　　八巻　秀　27
（1）「仲間」関係になることを目指す…28
（2）「勇気づけ」ではなく「勇気を高める関わり」へ…29
（3）勇気を高める臨床的「仲間」関係構築のためのステップ…30
　　1）クライエントが持つ感情や価値観を尊重し，ニーズを引き出し，オープンにする　31／2）クライエントや家族のニーズを汲み取り・引き出しつつ，それに応えるポジションをとりながら会話する　33／3）「自分を用いる」ことによる横の関係の構築　35／4）「これからどうする」という未来志向的・主体的な語り合う場の構築　36
（4）「勇気を高める関わり」の背景で，「共同体感覚」をともに育み続けること…40
第2章へのコメント　　42

第3章　見立て……鈴木義也　45

（1）見立ての視点…45

（2）共同体感覚による見立て…47

　　共同体感覚を推し量る　47／共同体感覚の必要性　48／共同体感覚を欠いた力動　50／共同体感覚から見た事例　51

（3）各種の概念からの見立て…54

　　ライフスタイルからの見立て　54／ライフ・タスクからの見立て　55／家族布置からの見立て　57／夢による見立て　60／早期回想からの見立て　62／早期回想の事例　64／身体からの見立て　66／究極目標による見立て　67／ライフスタイルの3つの構成要素からの見立て　69／3つの構成要素についての会話　70／特殊診断質問からの見立て　72／ライフスタイル類型からの見立て　74

（4）見立ての実際…76

　　見立ての事例　76／見立ては資産活用のため　77

第3章へのコメント…79

第4章　介　入……深沢孝之　82

（1）アドラー心理学における介入段階…82

（2）介入における基本姿勢…83

　　1）戦術は治療ではない　85／2）常に動いていること　85／3）心地よい気分でやること　86

（3）介入の技法…87

　　1）ライフスタイル・アセスメントの解釈投与　87／2）宿題を出す　89／3）課題の分離　90／4）勇気づけ　91／5）as ifテクニック　92／6）メタファー，逸話　93／7）逆説的指示　96／8）自然の結末・論理的結末　97／9）コンフロンテーション　99

（4）まとめ：他のアプローチのセラピストへ…101

第4章へのコメント…104

第5章　連　携……深沢孝之　107

（1）つながりの中で支援する…107

（2）アドレリアン・コンサルテーション…108

　　1）コンサルテーションとは　109／2）コンサルテーションも横の関係　111／3）コンサルタントにおけるアセスメント　112／4）助言・提案　115

（3）ライフ・タスクの解決のためのケースワーク…115
（4）アドラー心理学の学習・自助グループとの連携…116
第5章へのコメント…119

第6章　Q＆A　………………………………鈴木義也　123

（1）理　　　論…123

　　Q　アドラー心理学のような古いものを学ぶ意味はあるのか？　123／Q　アドラーはどの流派に影響を与えたのか？　124／Q　アドラー心理学にはどのような理論や技法があるのか？　125／Q　アドレリアン・セラピーの前提となる理論は何か？　126／Q　アドラー心理学は深層心理学なのか？　128／Q　アドラーは病理とその対処をどのように捉えていたのか？　128／Q　アドラー心理学における治療目標は何か？　131

（2）学　　　際…132

　　Q　アドラー心理学は科学的ではないように思われるのだが？　132／Q　アドラー心理学は教育学のように思われるのだが？　133／Q　アドラー心理学は自己啓発のように思われるのだが？　134／Q　ミルトン・エリクソンはアドラーから学んだのか？　135

（3）実　　　践…136

　　Q　アドラー心理学は臨床にどのように役立つのか？　136／Q　どのような事例に適用しやすいのか？　137／Q　他の流派との折衷はできるのか？　138／Q　全般性不安症の人にどう対処したらいいのか？　138

（4）入　　　門…139

　　Q　アドラー心理学は難しいように思うのだが？　139／Q　どの本を読めばいいのか？　139／Q　どの技法から学んだらいいのか？　141／Q　アドラー心理学を学びたいのだが，どのような距離で接したらいいのか？　142

第6章へのコメント…144

第7章　座談会「臨床アドラー心理学のすすめ」
　　………………………………箕口雅博＋八巻・深沢・鈴木　149

はじめに…149

アドラー心理学との出会い（八巻・深沢）…150

アドラー心理学との出会い（鈴木・箕口）…152

コミュニティ・アプローチとアドラー心理学…155
アドラー心理学と他の心理療法とのつながり…157
アドラー心理学と宗教的・スピリチュアル的なもの…159
対人援助職のアドラー心理学の学び…161
アドラー心理学における「力動」…163
アドラー心理学と他の心理療法との共通性　166
これからアドラー心理学を学んでいく人のために…167
横のつながりであるアドラー心理学…171

　　あとがき　174
　　索　　引　178

臨床アドラー心理学のすすめ

第1章

ものの見方

八巻　秀

　心理臨床を行っていく前提として，セラピストや援助者に必要なことは，援助技術以上に，「人間」というものをどう捉えるのかという，いわゆる「人間観」ではないだろうか。それが抜け落ちてしまって行う心理臨床活動は，人を機械と同じように扱うような援助技術に偏った工学的な機械論に陥りやすく，多くの場合，その場しのぎのものになってしまうであろう。

　アドラー心理学の体系は，もともと「技術・技法」「理論」「思想」という3つの側面を内包しており，この中で特に「思想」の部分が，援助者にとって必要な「人間観」や「臨床思想」（八巻，2016）をさまざまな形で提供している。本章では，アドラー心理学が提供している「人間観」「臨床思想」を，心理臨床を行っていく人に必要だと思われるものの見方として，いくつかピックアップしてご紹介していくことにする。

（1）「治療的楽観主義」を持つ
「どんな局面でも"自分にできることがある"と考えていくこと」

　アドラーは楽観主義の人であった。

　その考えを持つようになった原点は，彼が小学生の頃のギムナジウム時代にさかのぼる。そこでのアドラーの成績は芳しくなく，最初の年に落第・留年しなければならなかった。特に数学は苦手意識が強かった。ところが，ある日教師が一見解けそうもない問題に立ち往生したことがあったが，アドラーだけが答えがわかり，解いてしまうという出来事があった。そのことがきっかけで数学の楽しさ

を知り，数学の成績がぐんぐんと上がっていったということがあった。この一連の経験をアドラーは次のように回想している。

　「その成功により，私の数学への心構えはまったく変わってしまった。以前はこの科目に関心を持たないようにしていたのだが，今や数学を楽しみ，私の能力を伸ばすためにあらゆる機会をとらえるようになった。その結果，私は学校中でもっとも数学ができる生徒の一人になった。この経験から……特別な才能とか生まれついての能力があるという理論が誤っていることが分かった」(Hoffman, 1994)

　この出来事は，その後のアドラーの臨床や学問に取り組む際の基本姿勢「すべての人はあらゆることをすることができる」(Wolf, 1930)といった考えを作る1つのきっかけになったと言っても過言ではないだろう。それは，その後のアドラーが行う日々の診療においても，あるいはアドラーのさまざまな人生経験においても，アドラーは同じような前向きな姿勢で，その時の相手と向き合っている。特に治療におけるその姿勢を称して，アドラーは「治療的楽観主義 Therapeutic Optimism」(鈴木・深沢・八巻，2015)と唱えたのである。それは，治療者が悲観的であっては，物事は何も解決しない，なにはともあれ治療者は，まずは「楽観的」であるべし，という意味である。

　ところで，アドラーの最晩年は，オーストリアからアメリカへその活動拠点を移したが，一方で，アドラーの弟子の多くは，強制収容所に送られて亡くなっている。その弟子の1人，アルフレッド・ファロウは，以前アドラーから聞いた「二匹の蛙」のエピソードを，ダッハウの強制収容所にいる多くの人に話して，人々を無気力から奮い起こしたと言われている。それは以下のような話である。

　2匹のカエルが，牛乳の入った壺のふちで跳ねていた。
　ふと，足を滑らせ，2匹とも壺の中に落ちてしまった。

1匹のカエルは「もう駄目だ」と嘆き，溺れるに任せた。
しかし，もう1匹のカエルはあきらめなかった。
彼は牛乳を蹴って蹴って蹴り続けた。
すると，ふと足が再び固いものに触れた。
いったい何があったのか？
撹拌された牛乳はチーズになっていた。
そこでピョンとその上に乗って外に飛び出せた。

岸見（1999）はこのエピソードを以下のように説明する。

　私たちができることはそういうことなのです。
　どんなことが起こっても何とかしようと思いたいのです。これは楽天主義ではありません。楽天主義は，何が起こっても大丈夫，何が起こっても悪いことは起こらない，失敗するはずがない，と思うことです。大丈夫だと思って何もしません。そうではなくて，楽観主義は現実を見据えるのです。現実をありのままに見て，そこから出発します。
　…（中略）…
　アドラーは，人があらゆる状況で楽天的であるならば，そのような人は間違いなく悲観主義者だといっています。敗北に直面しても驚いたふうには見えません。すべてはあらかじめ決まっている，と感じ，楽天家であるように自分を見せているだけなのです。
　このような悲観主義でも楽天主義でもなく，ここで私たちが選べる選択肢は，何とかなるかどうかわからないけど何ともならないと考えることはない，とにかくできることをやろうと思ってできることをする……これが楽観主義です。とりあえず，できることをしてみれば事態は変わるときは変わります。

このようなアドラーが大切に考えていた「治療的楽観主義」であるが，では，どうすればセラピストあるいは援助者は，楽観的でいられるのであろうか。

その問いに対するシンプルな答えが，本節の表題であるセラピストが「どんな局面でも"自分にできることがある"とまず考えていくこと」あるいは常に「このような中でも，私に何かできることがある」のだと信じ続けること，というセラピストとしての信念である。この「治療的楽観主義」を，セラピストが臨床に取り組む際の基本姿勢に持ち続けることで，さまざまな臨床場面において，セラピストが「今，ここで何をしていったら良いのか」という目標や介入プラン，振る舞い方などについて，自然にあるいは自ずから見いだすことができるのである。

アドラー心理臨床におけるセラピストの基本的なものの見方は，まずこの「治療的楽観主義」をセラピストが持つことにより，他者が他者を援助することが可能になるのだ，と考えている。

（2）「問題を対人関係の文脈に落とし込んで考えること」

アドラー心理学の中核概念の1つに「対人関係論 Interpersonal Theory」あるいは「社会統合論 Social Embeddedness」と言われているものがある。

「人間の悩みは，すべて対人関係の悩みである」というのは，アドラーの有名な言葉である。またアドラーは「人生を社会的な関係の文脈と関連づけて考察しなければならない」（Adler, 1929）とも述べており，人間は社会的存在であり，生まれてから死に至るまで，どんな場合でも他者との関わりについて考える必要があると唱えた。感情や行動でさえも相手役である他者との相互作用を伴っていると考え，それらは社会的相互作用というコンテクストの中で理解される（Manaster & Corsini, 1982）。

カウンセリングや援助活動の中でも同様で，さまざまな問題や症状の原因を個人内界だけにとどまらせず，その問題は，その人の周り（あるいは相手役）との関係あるいは相互作用の中で発生していると考えながら，セラピストは話を聴いていくのである。

《事例》自傷行為を繰り返す20代の女性

　高橋花子（仮名）は専門学校の学生。中学の頃のいじめがきっかけで不登校となり，高校はなんとか卒業して，現在は専門学校に通っている。そこでも友人関係のトラブルがあり，不登校気味になる。バイト先で出会った彼と同棲するようになり，そこで以前から続いていたリストカットが彼にばれる。彼との話し合いでカップル・カウンセリングを受けることになった。次第にセラピストとも打ち解けた頃，彼氏から「いまだに家でリストカットをやっている」と報告をセラピストが受ける。

セラピスト（以下Thと略）：そうなんだ。どんな時にしたくなるの？
高橋：彼の帰りが遅くて心配で不安になった時……。
彼：えっ?! そうなの？　帰ると「やっちゃった」しか言わないから。
Th：彼の帰りが遅いと心配で不安になるの？
高橋：うん。……どこか浮気でもしているんじゃないかと思っちゃう。
彼：大丈夫だよ。遅くなるのは仕事の残業。浮気している暇ないよ（笑）。
Th：そうか～その心配な気持ち，彼に話してなかったんだ。ここでよく話してくれたね。彼としては，花子さんからその気持ちを正直に言われてもいいかな？
彼：いいですよ。リスカするより，その前にLINEなんかでその気持ちを書いて送ってもらったほうがいいです。
Th：いいアイデアだね。花子さんできるかな？
高橋：はい。でも……いいの？
彼：もちろん！

　それから高橋さんは自分の気持ちをLINEで送るようになった。その後，リストカットの頻度は減ったと彼から報告されるが，その代わりに次第に彼が帰ると，高橋さんは彼の腕に噛みつくようになった。

彼：なんかわからないんだけど，よく噛みつくんですよ。犬がじゃれてきているみたい。
Th：どんな場面で噛みつくの？

彼：疲れてベッドで僕がうとうとしてると，噛みついてくるんですよ。
Th：うとうとしている彼を見ると噛みつきたくなるの？
高橋：なんか私だけ置いてきぼりになっている気がして。
Th：その気持ちが噛みつきの行動につながるのかな？ 噛みつかれたら彼氏はどうしてるの？
彼：結構痛いんですよ（笑）。この前なんか思わず「何するの！」と叫んじゃいましたね。
Th：それから？
彼：彼女が笑いながらまた噛みつこうとするので，「やめろ〜！」と言って逃げます。
高橋：（ニコニコしながら）しばらくベッドの上でじゃれている感じだよね。
Th：そうしてどうなっていくの？
高橋：彼が「一緒に寝よう」と言ってくれるので，一緒に寝ます。
Th：そうやって落ち着くんだ。噛みつくのは「寂しいな〜。一緒に寝たいよ〜。一緒にじゃれたいよ〜」という意味なのかな？
彼：そうなの？
高橋：え〜わかんない。
Th：花子さんがこれからそう感じた時，彼に言葉で言えるかな？ 彼氏としては噛みつかれるのと言葉で「寂しいよ〜」で言われるのとどっちがいい？
彼：そりゃ〜言葉ですよ！ 噛みつかれるのは勘弁ですね（笑）。
Th：だそうですよ。どう？ やってみてくれるかな？
高橋：いいの？ 「寂しい」って言っても？
彼：うん。いいよ！

　それから少しずつ高橋さんは，彼に自分の気持ちを正直に伝えられるようになっていき，次第に噛みつき行動も消滅。「だいぶ彼女は我儘を言うようになりました」と彼から報告されるようになった。
　高橋さんのリストカットや噛みつき行動は，カウンセリングが始まった時点では，彼を「相手役」（後述）とする行動になっていたと考えられる。その行動の目的は「彼に自分の気持ちをわかってほしい」というものだったかもしれない。リストカットを単なるクライ

エントの「過去から続いている自傷行為」という個人内に押し込んだ判断にセラピストが陥らず、「対人関係の問題」つまり「クライエントと（現在の）相手役との関係の中で生まれている行為」と見ていく視点は、その問題行動を変容させるアイデアや工夫が生まれてくる問題解決のための力になる。

このようにセラピストが「問題を対人関係の文脈に落とし込んで考える」ことは、より効率的な問題の解決・解消のために、アドラー心理臨床の実践を行っていくセラピストにとって必要な基本姿勢であろう。そのための基本的なポイントを以下に列挙する。

①「問題」を特定の個人のせいに落とし込む癖（＝原因論）をやめる

岸見（2016）は、カウンセリングにやってくるほとんどのクライエントが、「悪いあの人」と「かわいそうなわたし」の話に終始すると指摘し、自分に降りかかった不幸を涙ながらに訴えたり、あるいは、自分を責める他者、また自分を取り巻く社会への憎悪を語ると述べている。いずれも「問題」を「あの人（周り）」と「わたし」という特定の個人や周りに原因があると考えている、まさに「原因論」である。

現代人は、基本的には原因論で考える癖がついている。しかしながら、原因論は、機械の故障のような工学的なものには有効だが、人間の心理的問題の解決に対しては、決して有効とは言えない。「対人関係の問題である人生のあらゆる問題」（Adler, 1969）の解決を考えていくアドラー心理学では、原因論は優先的には採用しない。たとえ、それらの「悪いあの人」「かわいそうなわたし」のような訴えを、カウンセラーのように丁寧に聞いてくれる人がいたとしても、それは一時のなぐさめにはなりえても、本質の解決にはつながらない。問題解決のために本来語り合うべきことは「これからどうするか」「この行動の目的は何か？」という未来志向の目的論的・主体的な考え方である。

②「相手役」を探す関係性の質問を使う

　クライエントが話すエピソードは，個人の感情や行動が中心になり，それをめぐってのまわりの人たちの反応や動きは，語られない場合は多い。それらを聴くだけでは，その行動が誰に対しての行動（あるいは「相手役」が誰である行動）なのかという「目的論」的に捉えることは難しい。

　前述の事例で描いたように，セラピストは「それからどうした？」というその行動をめぐるクライエントを含めた周りの人々との関係を探っていく質問（例えば「それからどうした法」（東，1993））を使うことによって，クライエントが語るエピソードの中で，実際は誰がどのように動いているのか，クライエントの感情や行動は誰に対してのものか，ということを把握することができる。このような状況におけるさまざまな人々の「関係性を探ろうとする質問」をセラピストが使っていくことは重要である。

③クライエントの語るエピソードを聴きながら，問題や症状があることによって，クライエントや家族がどこへ向かっているのか，その仮想目標は何かを考える

　クライエントのエピソードを聴きながら，どういうことから陰性感情や問題行動が始まるのか，どういう対処行動でそれを解決しようとしているのか，その一連の流れからその仮想的目標は何なのか，なぜその対処行動が成功しないのか，などを確認しながら，クライエントには無自覚・無意識になっていると思われる「仮想目標」あるいは「目的志向性」をクライエントと共に考えていく。

　アドラーはこのようなことを言っている。

> 「人がどこからくるかということしか知らなければ，どんな行動が人を特徴づけるか知ることは決してない。しかし，どこに向かって行くかを知れば，どちらに踏み出すか，目標に向けてどんな行動をするか予言することができる」（Adler, 1927）

「どこから」ではなくて「どこへ」を見ていくという，アドラー心理学の特徴の1つである「目的論」的ものの見方である。クライエントがとるあらゆる行動は，目的志向性があり，セラピストはその方向を見つけようとしながら，その方向にいったん乗ってみようとすること。その見方と振る舞い方は，「問題を対人関係の文脈に落とし込む」ことへの助走となりうるだろう。これらの流れは，家族療法で言われているいわゆるジョイニング（東, 1993）と同じスタンスになっているとも言えるだろう。

（3）「クライエントの関心に関心を示すこと」「クライエントを信頼し続けること」

この言葉はアドラー心理学の共感 Einfühlung の定義である。アドラーの言葉を使えば，「相手の目で見て，相手の耳で聞き，相手の心で感じること」。これは共同体感覚のための第一歩であると言われている。つまりアドラー心理学において「共感」とは，セラピストの「感情」の問題ではなく，セラピストの「意思と振る舞い方」の問題なのである。

《事例》「死にたい」と訴える青年

鈴木一郎（仮名）は30歳の青年。大学を卒業してから定職につかず，アルバイト生活をしていた。もうすぐ定年を迎えようとしている両親と暮らしていたが，日々の生活において家族で会話することもなく，太郎は部屋にこもってゲームをしたり昼寝をして，夜になるとアルバイトに出かけるという生活。生きているのが馬鹿らしいと思うこともあり，死のうとしたが死にきれなかった。寝つきが悪くなってきたので，睡眠薬をもらう目的で心療内科を受診。そこでカウンセリングを勧められて「興味本位」で受けてみたが，担当カウンセラーは気さくな中年男性だったので，月に1回くらい雑談をしに来る感じでカウンセリングが継続した。数回後の会話。

Th：鈴木さんにとって今は何が楽しみですか？

鈴木:楽しみなんてないですよ。ただ夜バイト行って，昼間は家でゲームするかTVを見てるか寝てるかという生活ですからね。もう生きてても仕方がないと思うこともありますよ。
Th:そうなんですか。そんな生活はいつ頃から続いているんですか？
鈴木:そうだな〜。大学出てから本当は専門学校に行こうとして時期があったけど，親に反対されてあきらめてからこんな生活かな？　もう7〜8年になるんじゃないかな？
Th:そうなんですか。何関係の専門学校に行きたいと思ったんですか？
鈴木:恥ずかしながら，まあアニメ関係ですよ。どうせ「おたく」です。両親には散々馬鹿にされましたからね。
Th:そうですか！　日本のアニメはよくできてますからね〜！　私もアニメは時々好きで見ますよ。
鈴木:へ〜！　先生の歳でもアニメ見るんですか？
Th:私も家族には馬鹿にされますが，「ガンダム」はずっと好きで時々見てましたね。鈴木さんはどんなアニメがお好きなんですか？

　そこからしばらく二人でアニメ話で盛り上がる。実は一時期鈴木さんもアニメ好きがこうじて次第にアニメの背景を描く仕事に就きたいと思い，専門学校進学を考えていたこと，それを両親の反対で断念したこと，アニメの背景が描かれている街を訪れるのが密かな楽しみであることなどを語る。

Th:良いですね〜。最近は「アニメの背景の街への旅」行ってます？
鈴木:しばらく行ってないな〜。もう1年以上行ってないかな？
Th:いいじゃないですか！　久しぶりに行くのも！　今ならどこに行きたいですか？

　それから，具体的に今ならどの街に行きたいかという話で会話が続いていく。

　どんなクライエントでも，その人は1つの世界を持っている。その世界に関心を持つことはもちろんのこと，その世界の中でクライエントがどのような関心を持って生きているのかにも関心を示すこと。そのセラピストの姿勢そのものが，クライエントが持っている

ものの理解につながるだけでなく，クライエントとセラピーという作業をするための協力関係を構築するベースになるであろう。

東（2014）は，セラピストの基本姿勢として「私がずっと大切にしてきたことは『相手を肯定的に見ること』といった姿勢に尽きる。その観点から家族と会話することが，あらゆるセラピーのベースである」と述べている。この考え方はアドラー心理学で言われている「信頼」とも共通する姿勢であろう。

アドラー心理学において「信頼 trust」とは，「常に相手の行動の背後にある善意を見つけようとし，根拠を求めず，一人の人格として無条件に信じること。行動（行為）と人（行為者）を区分すること」としている。信頼は，どんな状況でも相手を信じ続け，未来の可能性にかけることでもある。これに対して「信用 credit」は「条件付きで信じることであり，条件を満たさなければ，信じなくて良い。相手の背後の悪意の可能性も想定している。過去の成果が問われる」という違いがある。世の中が「信用」の関係で回っているのに対して，セラピーにおいて必要なのは，クライエントとセラピストとの「信頼」の関係なのである。

問題状況の渦中にいるクライエント自身は，自分の持っているもの，あるいは「リソース」に対して，意識するあるいは自覚することは少ない。セラピストがクライエントを信頼し，クライエントが持っている「リソース」を見出そうとし続け，それを見つけ，それをクライエントが使いこなせるよう応援する。それをできることが，まさにセラピストであるとも言えるだろう。

ブリーフセラピーで言われているクライエントのリソースを見いだすこと，この方針はアドラー心理臨床においても共通する。それはアドラー心理学における「勇気づける」ことの臨床適応の1つのあり方である。クライエントの能力（持ち味）や才能，良き環境などに注目し明確化し，それらをどのように活かせば良いのかを一緒に考えていく。

セラピストがクライエントを見ていくときの最も大切な姿勢「ものの見方」は，アドラーの言葉「大切なのは，何が与えられている

かなのではなく，与えられているものをどう使うかだ」に集約されるのだろう。

文　献

Adler, A. (1927) Character and talent. *Harper's Monthly Magazine,* Vol.155; 66.
Adler, A. (1929) *The Science of Living.* Anchor Book.（岸見一郎訳（2012）個人心理学講義―生きることの科学．アルテ．）
Hoffman, E. (1994) *The Drive for Self: Alfred Adler and the Founding of Individual Psychology.* Addison-Wesley, Boston.（岸見一郎訳（2005）アドラーの生涯．金子書房．）
岸見一郎（2016）幸せになる勇気．ダイヤモンド社．
岸見一郎（1999）アドラー心理学入門―よりよい人間関係のために．KKベストセラーズ．
Manaster, G. J. & Corsini, R. J. (1982) *Individual Psychology: Theory and Practice.* F.E. Peacock.（高尾利数・前田憲一訳（1995）現代アドラー心理学．春秋社．）
東豊（1993）セラピスト入門．日本評論社．
東豊（2014）東豊セミナー講義録．やまき心理臨床オフィス主催．
鈴木義也・八巻秀・深沢孝之（2015）アドラー臨床心理学入門．アルテ．
八巻秀（2016）学校臨床活動における原点としてのアドラー心理学．子どもの心と学校臨床，14; 63-68.
Wolf, W. B. (1930) *The Pattern of Life.* Cosmopolitan Book.（岩井俊憲訳（2004）アドラーのケース・セミナー：ライフ・パターンの心理学．一光社．）

第1章へのコメント

Comment　　　　　　　　　　　　　　　　　　　　　　　　　鈴木義也

　第1章で八巻先生は，アドラー的心理臨床における「人間観」「臨床思想」としての「ものの見方」について述べています。それは治療的楽観主義と各種の対人関係論へと展開しています。

第1章　ものの見方●八巻　秀

　ものの見方というと,認識論という概念が思い浮かびます。アドラー心理学では,この認識論を自己像,他者像,男性像,女性像,年上像,年下像などの諸々のイメージとして捉えますが,結局のところ,**人間観**や**世界観**がどうかというところに行き着きます。また,クライエントの人間観だけでなく,セラピスト当人の人生観も問われます。セラピストの個人的な思想まで問う必要はありませんが,八巻先生の言う「臨床思想」は問わざるをえません。それは臨床という**専門業務に携わるに当たって,セラピストの世界観,人間観,そして「臨床観」が関係してくるからです。

　私たち臨床家,特にアドラー臨床心理学では,クライエントの「問題」を扱うだけでなく,クライエントのライフスタイル,すなわち,「生き方」を扱うことがあります。生き方とはクライエントの思想であり,人間観,世界観です。そのような認識からアセスメントしないとわからないことがあります。それが見えて初めてクライエントの言動の意味づけがわかるからです。

　悲観的な人生観に立って生きているのと,楽観的なのでは自ずと人生が異なります。同様に,セラピストも悲観的か楽観的かでは自ずと臨床が違ってきます。楽観的であるかどうかがクライエントの人生に影響しているように,セラピストが楽観的であるかどうかという**臨床思想は臨床に影響しています**。さらに,セラピストは自らの臨床観におよそ合致して不協和を起こさない臨床理論を自覚せずに選択していると思われます。

　事例に際して,いつも「だめだー」と考えていたり,「あのクライエントは……」と同僚に愚痴をこぼしてばかりなのは臨床に多大なマイナスを呼び込んでいるということに気づくならば,少なくとも臨床においては,**楽観的にクライエントに信頼を寄せざるをえない**のです。

Comment　　　　　　　　　　　　　　　　　　　深沢孝之

　本章では,本書のテーマに関する基盤となる視点を提示してくれ

たと思います。

　「治療的楽観主義」「対人関係的視点」「クライエントへの共感・信頼」の３つ，これは「アドレリアン・セラピストの三条件」として定式化できそうですね。

　このうち「クライエントへの共感・信頼」に異論をさしはさむ臨床家，専門家はいないでしょう。まさにさまざまな心理療法の共通要因の核として，どこででも強調されているところです。アドラー→ロジャーズのラインは強力ですね。

　「治療的楽観主義」も私には当然の気がしますが，実際多くの臨床家はどういう思いで臨んでいるのでしょう。「治療的悲観主義」というのがあり得るのかわからないのですが，確かにアドラー心理学とかブリーフセラピーの解決志向アプローチみたいなものに抵抗感を抱いたり，「私には向いていない」と感じる人が一部にいるみたいです。「人の本質は病理だ」みたいな人間観を持つ人や，そこまでいかなくても基本的に悲観的な見方をする人は臨床家にもいます。その人が学んできたものゆえか，あるいはキャラ（ライフスタイル）なのかわかりませんが，多分，そういう人は，ここでいう楽天主義と楽観主義を一緒にしているのかもしれません。

　「対人関係的視点」は，まさにアドラー心理学らしいところです。そのためポイントとしての「原因論をやめる」「相手役を探す」「仮想目標を探す」は，「アドレリアン・カウンセリングの３つの方針」と呼べそうです。

　以上のアドラー心理学の「三条件，三方針」は，シンプルにして本質をついていて，いろいろな場面で使えると思いました。私もこれから研修会やスーパーヴィジョンで推していきたいです。

第2章

関わり方

八巻　秀

　アドラー心理臨床において，クライエントやその家族に対するセラピストの関わり方の基本として，真っ先にあげられる重要概念は「勇気づけ encouragement」である。

　この日常語にもなっている「勇気づけ」を心理臨床活動の中で位置づけるならば，セラピストが，いかに継続的にクライエントやその家族を勇気づけることができるか，そして，それに並行してクライエントとセラピストの良好な信頼関係を作っていくことができるか，そのような「勇気づけの関わり方」ができることが，初回だけに限らず，その後のセラピーの展開にも常に大きく影響を及ぼすのである。

　「アドラー心理臨床は，勇気づけに始まり，勇気づけで終わる」とまで言われている。

　アドラー（1956）は，セラピストに対して「治療によるすべてのステップにおいて，私たちは，勇気づけの道からはずれてはならない」と，臨床において初期から終結に至るまで，終止「勇気づけ」をしていくことの重要性を強く説いている。またアドラーの高弟であるドライカースも「サイコセラピーが，なんらかの役に立つものであるとすれば，それは永続的な勇気づけを与えるものであるに違いありません」（Dreikurs, 1989）とまで述べている。

　このように，アドラー心理臨床における関わり方として，どの段階においても重視されている「勇気づけ」の概念ではあるが，この言葉自体があまりにも日常的すぎるがゆえに，一般的には「褒める」とか「励ます」などという言葉と混同し，誤解を生んでいることも

事実である。

　では，アドラー心理臨床の関わり方の基本としての「勇気づけ」の本来の意味はどんなもので，セラピストとしてどのように捉えて，どのように振る舞っていけばよいのだろうか。

　この章では，アドラー心理臨床を行うセラピストの関わり方の基盤としての臨床的な「**勇気づけの関わり方**」について考えてみたい。まず「勇気づけの関わり方」のキーワードとして，「**仲間 companion**」ということについて考えてみる。

（1）「仲間」関係になることを目指す

　晩年のアドラーは，講演旅行のために毎年のようにアメリカを訪れていた。2度目のアメリカ講演旅行の最後に開催されたシカゴでの精神科医の小さな集まりにおいて，アドラーは，治療における患者家族への関わり方について，次のように述べている。

> 「私は，通常自分が治療する子どもを自立心があるようにしようと試みるが，母親を敵に回すことはない。…（中略）…私はいつも親が私の**仲間**であるように話します。教条的な表現はすべて避けようとします。さもなければ親は責められていると思い，裁判の法廷であるかのように感じるかもしれません」（Adler, 1929a）（**太字**は筆者による）

　アドラーがこのように語った当時は，セラピストである医師が，クライエントや患者に対して権威を持っていた時代であったにもかかわらず，アドラーは，セラピストがクライエントや家族と「**仲間になるような協力的な治療関係**」を確立することの重要性をはっきりと述べている。

　この考え方は，現代の家族療法でよく言われている「ジョイニング（Joining）」とほぼ同じスタンスや考え方であると言って良いだろう。ジョイニングとは，元々は「セラピストが，セラピーに来た方々（家族）に，波長を合わせ，上手に溶け込む，あるいは仲間入

りすること」という意味である。家族療法家の東（2013）は，ジョイニングについて，「『参加する・とけ込む』ことを意味するが，セラピストがクライエント（個人であれ家族であれ）とのコミュニケーションの相互作用を立ち上げ，維持していくために，そしてよき影響力を持ち続けるために，欠かせない技法」であると述べている。

クライエントとセラピストとが「仲間」関係を作ることができれば，その間での良好なコミュニケーションが成立し，お互いによき影響を与え合う関係になっていると言えるのではないだろうか。そう考えると，セラピストがクライエントにジョイニングすることと，セラピストがクライエントと「仲間」関係を作っていこうとすることは，ほぼ同じ作業を指していると言えるだろう。

さらに，アドラー心理臨床が「勇気づけから始まる」のならば，この臨床的「仲間」関係を作っていくことは，臨床的な「勇気づけの関わり方」と同じ意味を示していると言って良いであろう。

（2）「勇気づけ」ではなく「勇気を高める関わり」へ

ここで，あらためてアドラー心理学における「**勇気 courage**」の概念について確認する。

アドラー（1930）は，「われわれが勇気と呼んでいるものは，人が自分のうちに持っており，自分を全体の道具であると感じさせるリズムである」と「勇気」について，その人の中に内在するリズムとして述べている。

また，現代アドラー心理学の教科書を書いたマナスターとコルシーニは，「勇気」について，それは人生の動きを有益な方向へ向かわせるその人の内面を叙述したものであり，本質的に2つの要因から成り立っていると説明している。それは，「活動（目標に向かう運動の率）」と「共同体感覚」の2つであり，それゆえ勇気ある人とは，他者に関心があって大いに活動的な人，あるいは，他者に属しているという感情によって達成しようと，喜んで活動する心構えがある人が，「勇気」のある人であると述べている（Manaster & Corsini, 1982）。

つまり，アドラー心理学が定義する「勇気」とは，「困難を克服する活力」という定義（岩井，2011）だけにとどまらず，「共同体感覚を持ちつつ，それを行為に移す力」という意味をも強く含んでいると考えたほうが良いであろう。さらに，「勇気づけ」の意味も，「相手が共同体感覚をもつように，さらにそれを実践していく力を持つように，援助する」ことを意味する行為であるということになるだろう。

　ちなみに，この「勇気づけ」について，岸見（2013）は，「横の関係に基づく援助」と述べているが，encouragementに対するこの「勇気づけ」という訳語について，筆者は以前から，二者関係における操作性の感覚，無意識的な縦の関係の存在を醸し出しているように感じられ，そのことに違和感を感じ続けていた。

　例えば，「教師が生徒を勇気づける」と言っても多くの方は違和感を感じないであろうが，主語を反対にして「生徒が教師を勇気づける」とすると，違和感を感じる人は多いのではないだろうか。このように「勇気づけ」という言葉自体は，日本語のニュアンスとして対等な横の関係を示しているとは言えず，縦の関係を示している部分があると言っても良いだろう。

　この「勇気づけ」の持つ縦関係の感じを解消するために，最近，筆者は「勇気づけ」の代わりに「勇気を高める関わり」という言葉をあてるようにしている。例えば「生徒が教師の勇気を高めるような関わりをする」ことはあり得るし，「クライエントとセラピストがお互いの勇気を高め合う」ものである。

　臨床場面において，クライエントとセラピストがお互いに「勇気を高め合うこと」は，セラピーにおける関係作り，関わり方でも重要な要素である。そして対等な「仲間」関係を作っていくことは，臨床的な「勇気を高める」関わり方・関係構築の前提として考えられるではないだろうか。

（3）勇気を高める臨床的「仲間」関係構築のためのステップ

　では，クライエントやその家族と勇気を高める「仲間」関係にな

っていくために，具体的にどのようなセラピストの配慮と工夫が必要なのだろうか。1つの流れとして段階的に示してみると，次のようになるだろう。

1) クライエントの価値観などを尊重し，言葉化しながらオープンにしていく。
2) クライエントのニーズを汲み取り・引き出しつつ，ポジションを柔軟に変える。
3) クライエントとの横の関係の構築。
4) 未来志向的・主体的「対話」の継続。

このような一連の流れのセラピストの配慮と工夫による関わりを通して，クライエントとセラピストが臨床的な「仲間」関係になっていくのである。事例を通して，1つずつ具体的に解説していくことにする。

1) クライエントが持つ感情や価値観を尊重し，ニーズを引き出し，オープンにする

セラピストは，可能な限り事前に，紹介経路の確認などを通して，「なぜ，このカウンセリングの場に来られたのか？」というクライエントのニーズを探る。もちろん，自らすすんでカウンセリングに来られた方ばかりとは限らないので，まずはクライエントの雰囲気やテンポに合わせながら，丁寧に傾聴・共感しながら会話を進めていくことが大切である。

《事例》無理矢理連れられてきた太郎君

佐藤太郎君（仮名）は，中学2年生。中学1年の秋頃から五月雨登校気味となり，3学期からは学校に全く行かなくなってしまった。スクールカウンセラーからの紹介で，母親とともに来室する。

母親からはこれまでの経過が話され，学校での友達関係がうまくいっていないことが原因と思われること，現在はネットにはまっていて夜遅くまで起きてしまい，昼夜逆転気味で，起きるのは昼くら

いになってしまって心配なことなど，このネットの扱い方について，どのようにしたら良いのか迷っているなど，これまでの経過が話される。母親が話している間，太郎君はずっと下を向いているが，会話はちゃんと聞いている様子。

セラピスト（以下 Th）①：(母親に向かって) 太郎君とちょっと話してもいいですか？……今日はよく来たね。お母さんにどんな風にここを誘われてきたのかな？
太郎①：……行かないとネットを切ると言われて……（沈黙）。
母①：だって，夜中にずっとネット見ている生活が続いているのはまずいって，お父さんも言っているでしょ！
Th ②：そうなんだ。ネットを切られるのは嫌なんだね。そんな熱心に何見ているのかな？
太郎②：えっ？　Youtube で音楽ビデオとかアニメとか……。
Th ③：へ～何の音楽聴くの？
母②：先生，こんな風にネットばかり見て，夜中まで起きているので，朝起きるのが遅くなってしまって……どうしたらいいんでしょうか？
Th ④：なるほど。もう少し太郎君とお話ししてもよろしいですか？　太郎君はネットについてはどうしたいかな？
太郎③：……ネットを切られるのは嫌。
Th ⑤：でも，それで夜中まで起きてると，お父さんもお母さんもネットを切ると言っているんでしょ？
太郎④：……うん。
Th ⑥：そうされたくないよね？（太郎うなずく）どうしたらいいと思う？
太郎⑤：……わからない。
Th ⑦：そうなんだ。どうすればいいか，わからないんだね？
太郎⑥：……うん。

　セラピストは最初に母親が話している間の太郎君の様子から，太郎君のカウンセリングに来るモチベーションの低さ（来させられている感）を感じていた。この場面では，セラピストは，太郎君に来てくれたことをねぎらいながら，次第に太郎君の話し方のトーンやテンポに合わせながら，太郎君のネットを切られることへの気持ち

にも合わせて(Th②)いる。さらにネットとどのように付き合ったら良いのかという今の太郎君の考えを聞き(Th⑥)，その考えにも言葉を合わせている(Th⑦)。

相手のリズムや話の内容，考えなどに合わせていくために，このようにクライエントの持つ多様な感情や考えを，面接場面で満遍なく取り上げ，オープンに言語化していく。そのことによって，クライエントのニーズやモチベーションを推し量っている。このような作業は，個人面接だけでなく，この例のような家族面接においても，話している人の思いを家族の前でオープンに言語化してもらうことが，その後の心理面接を展開していくために，重要な基本的な作業であるといっても良いであろう。

2）クライエントや家族のニーズを汲み取り・引き出しつつ，それに応えるポジションをとりながら会話する

先の事例でお示しした部分までは，母親のニーズは「太郎のネットの対応をどうしたらよいか」というものであるが，太郎君の方からは「ネットを切られるのは困るが，どうしたらよいかわからない」というニーズを汲み取り，引き出せている状態といっても良いかもしれない。

田嶌(2009)は，セラピストは「現場のニーズを汲み取る，引き出す，応える」ことが重要であると述べているが，その意味では，セラピストは次なる「応える」作業に少しずつ移行していかなければならない。

《事例》の続き

Th⑧：お母さんは今までネットに関しては，どのように太郎君と話し合われてこられたのですか？

母③：ネットの使用は1日1時間までと，以前ちゃんと約束をしたんです。それでも1時間を過ぎても使っている時なんかに，もう1時間過ぎたことを言うんですが，「うるさい！」とか言われて，言うことを聞こうとしないんです。

Th⑨：太郎くんと話してもいいですか？　「ネットは１時間まで」と約束したの？
太郎⑩：うん……でも，もっと長くしてほしいと言っても，全然お母さんが言うことを聞いてくれない。
Th⑨：そうなんだ？　１時間じゃ足りないんだね？　太郎くんは１日何時間にしてほしいの？
太郎⑪：う～ん，２時間くらいかな？
母④：そんなに時間とったら，ネット依存になってしまうでしょ！
Th⑪：えっ？　１日２時間でネット依存になるんですか？　それなら私もちょっとやばいかも～！（皆笑）　お母さん，それはどこから知ったんですか？
母⑤：え～……ネットからです。
Th⑫：お母さんもネットはよく使われるんですね。じゃ～ネットのことはわかってますね。太郎君，お母さんとあらためて「１日ネット２時間まで」について，この場で話し合ってみたら？
太郎⑫：えっ？　そんなこと……できるかな。
Th⑬：大丈夫。先生がちゃんと行司役するから，お母さんいいですよね？
母⑥：あっ，はい。
Th⑭：では，太郎君「ネットの１日の使用時間」の新しい提案とその理由をお母さんに言ってみよう。
太郎⑬：うん。……お母さん，やっぱりネットは２時間くらいは使わせてほしい。１時間じゃ，あっという間に立ってしまうから。

　ここまでの会話は，セラピストは親子ともに波長を合わせながら，親子で話し合う場を作ることに専念している。先ほど述べられたような母親と子どものニーズの違いをオープンにしながら，「ここで何ができるか」を考えながら進めていくうちに，ネットの使用時間の「約束」の認識のズレを見出す。そのズレについて話し合う状況が生まれていった。セラピストはそれぞれの思いやニーズを引き出す役から「親子の話し合いの行司役」にポジション・チェンジをしている。このように，セラピストがクライエントや家族のニーズを忖度しながら，自らのポジションを含めた振る舞いを意識することは大切である。

この場面では，次第に面接開始当初よりも，太郎君自身の自分の主張を「この場で言ってもいいんだ」という気持ちが少し高まってきている（太郎⑫）のが，セラピストには感じられていた。

3)「自分を用いる」ことによる横の関係の構築

その主張をあらためて言おうすることの高まりを，太郎君の言動からセラピストが見て取れたので，セラピストは，太郎君と母親との話し合い促進する行司役を取りながら，話し合いを助ける「仲間」になっていく働きかけも始める。

《事例》の続き

太郎⑬：うん。……お母さん，やっぱりネットは2時間くらいは使わせてほしい。1時間じゃ〜あっという間に立ってしまうから。

Th⑮：お母さん，どうですか？

母⑦：う〜ん，お父さんに聞いてみないとね。

Th⑯：お父さんはこの提案に対して，どのように言いそうですか？

母⑧：きっと反対すると思います。

太郎⑭：そうかな？ お父さんならわかってくれるよ。お父さんお休みの日なんかずっとネットやってるもん。

Th⑰：へ〜そうなんだ。実はね，私もお父さんと同じ。お休みの日はネットばかりやってるよ。それでよく家族に怒られるんだ。

太郎⑯：ホント？ 先生もそうなんだ。

Th⑱：だからね。先生もネットとの付き合い方を考えたいと思っていたところなんだよ。ネットは時間で区切るのがいいのかな〜。2時間でちゃんとやめられるかな？

母⑨：2時間にしても，またそこで注意すると，怒るんじゃないの？

太郎⑰：そんなことないよ。今度は前の1時間と違って自分から言っているもん！

Th⑲：おっ！ いいね〜。自分の言葉に責任を持つ。太郎君，大人だね！ 2時間なら自分で守れそうかな？

太郎⑱：うん。大丈夫。

親子の話し合いを促進するために，この場面ではTh⑰の自己開

示的セリフが出てくる。二人の話し合いが始まった時点で，セラピストはそれまでの「ニーズを引き出す専門家」というアップ・ポジションから，「家族の中の一人の父親」という個人的・自己開示的コメントをはさむことによって，次第にポジションを変化させていった（Th ⑱⑲）。

　この行為によって，セラピストは「専門家の鎧」をはずして，「自分を用いる」ことによって，クライエントと対等な横の関係を作ろうとしたのである。

　岡野（1999）は，セラピストが「自分を用いる」ことについて，次のように述べている。

　「治療者が自分という素材，具体的にはその感受性や感情や直観，さらには治療的な熱意などを積極的にかつ柔軟に活用する姿勢は，おそらくどの治療状況においても保たれるべき」
　「治療者が『自分を用いる』こととは，治療者が自分という素材，具体的にはその感受性や感情や直観（さらには治療的な情熱）などを積極的にかつ柔軟に活用する姿勢である」

　このように，このケースにおいても，セラピストが「自分を用いる」ことは，セラピストとクライエントが対等な横の関係になっていく流れを生み出している。

　結果的に，太郎君へのジョイニングができている，あるいは横の関係ができていることは，太郎⑯⑱のセリフからも十分伺うことができる。

4）「これからどうする」という未来志向的・主体的な語り合う場の構築

　しかしながら，セラピーの場合は，ただ横の関係を作られれば，それで良いというわけではない。そこから，その横の関係の中で，お互い協力し合いながら治療的な「作業」を行っていくことが必要になってくる。

ところで，岸見（2016）は，カウンセリング場面で使用している3つの言葉が書いている三角柱のことを述べている。その三角柱の一面には「悪いあの人」，もう一面には「かわいそうなわたし」と書いていて，クライエントのほとんどが，この2つのいずれかの話に終始するとのこと。そして，残りのもう一面に書いている言葉は，「これからどうするか」である。この「これからどうするか」という言葉は，アドラー心理学の理論の基本前提の1つ「個人の主体性（あるいは自己決定性）」を象徴するものである。これは「人間は，自ら運命を作り出す力を持っている」と考えることで，過去や環境に縛られることなく，「自ら自分の人生を選ぶことができる」という人間観でもある。この考えを推し進める発想が「これから，どうするか」という基本姿勢である。

　アドラー心理臨床では，この「これからどうするか」という未来志向的な主体性について，クライエントとセラピスト両者で，語り合える場になることを目指すとも言われている（鈴木ら，2015）。

《事例》の続き

太郎⑱：うん。大丈夫。

Th ⑳：お母さん，どうですか？

母⑩：2時間だったら，ちゃんと守るの？

太郎⑲：うん，大丈夫。ちゃんと守れるよ。

Th ㉑：うん，いいね〜，力強い言葉。お母さん，どうですか？　太郎君の言葉を信じてみませんか？

母⑪：はい。こんなにはっきりと太郎が自分の言葉で約束してくれるのなら。

Th ㉒：では，「ネットは1日2時間まで」ルールを試してみましょう。ところで太郎君，ここまではっきりと自分で宣言できたから，大丈夫だと思うけど，もしも，そのルールを破っちゃったら，どうする？　先生もついネットを見過ぎること，たまにあるんだ。ネットの悪魔が「もう少しいいだろう〜？」ってささやくんだよ。

太郎⑳：（笑いながら）大丈夫だよ。そんな悪魔なんていないし。

Th ㉓：いや〜結構その悪魔いるんだよ。まあネットを2時間近くやると

出てくるかな？　ちょうど先生もその「ネットにはまらせる悪魔対策」を考えたいと思っていたんだ。どう？　一緒に考えていかない？
太郎㉑：いいよ。どうすればいいの？
Th ㉔：うん，まずね。ネット使用2時間すぎたら，お母さんが声かけてくれますよね。
母⑫：そうですね。いつもそうしてます。
Th ㉕：お母さんから声かけられた時，ちょうど良いところだったりして，やめられない時，まさにネットの悪魔にささやかれた時，太郎君どうする？
太郎㉒：う〜ん，どんな状況であっても，思い切ってスイッチを切る，かな？
Th ㉖：いいね〜！　それを悪魔のささやきに負けずにやれるかな？　ちなみにお母さんに「2時間たったよ」と言われた時，スイッチを切れなかったり，イライラしたりした時は「悪魔のささやきに負けている時」かな。
太郎㉓：うん，そうかも。
Th ㉗：じゃ〜次回までにネットの悪魔に何勝何敗だったか，お母さんと協力して星取表を記録してくれるかな？　目指せ全勝！　いや，まずは勝ち越しかな？
太郎㉔：うん，やってみる！

　セラピストは Th ㉒において，「仲間」関係が作られたあとの作業として，「仲間」同士として，ネット問題に対して「これからどうする？」という話題にシフトさせている。

　この「これからどうする？」について話し合う1つの工夫として，セラピストはネット問題を「ネットの悪魔のささやき」と名付けて，この「ネットの悪魔対策」というテーマ設定を行っている。このテーマを設定することによって，「クライエントとセラピストがテーマについて対話していく」という作業の流れが出来上がったことになる。

　このテーマ設定は，ナラティヴ・アプローチで取り上げられることが多い「外在化 externalization」という作業を行っていたとも言える。

森（2015）は，「外在化」について，「外在化は，もちろん技法的にも大事な技法です。私が強調したいのはスタンスの話です。問題を外在化して扱うということが鉄則だと私は考えています。問題を絶対に内在化して扱ってはいけない。これは心理臨床や精神科臨床やるときに必ず気をつけておかないといけないことです」と述べて，強く「スタンスとしての外在化」を主張している。

　問題をセラピストが当たり前のように外に置く，あるいは，その問題は外から来たものとして扱う（例えば，東（1993）の『虫退治』などもその例）。そして，外にあるそれ（前述のケースでは「ネットの悪魔対策」というテーマ）について，クライエントとセラピストが共に語り合い，対策やつきあい方を考えていくような「対話」をしていくこと（例えば，児島（2008）の『治療関係の三項構造化』などもその例）。それらが結果的に，効果的な治療行為・作業となっていくと考えられる。

　このように，いかなる問題に対しても，セラピストが外在化のスタンスを持って取り組み，その外在化したものについて，クライエントとセラピストが「これからどうする？」という未来志向的・主体的な対話をしていくようになるのである。

　さて，ここまでの臨床的「仲間」関係構築のためのステップを再び確認すると，

①**クライエントの考えを尊重しつつオープンな会話**：クライエントの価値観や感情などを尊重し，それらを言葉化しながらオープンにしていく。
②**ニーズを汲み取りながら，柔軟な対応**：クライエントのニーズを忖度しつつ，セラピストのポジションを柔軟に変えていく。
③**自己開示も含めた対等性の意識**：「自分を用いる」ことによる横の関係の構築。
④**未来志向性・主体性を重視した発想と振る舞い**：「外在化」などを使った未来志向的・主体的「対話」の継続。

　このような一連の流れの関わりをあらためて，クライエントとセラピストが臨床的な「仲間」関係になっていくことと名付けたいと

思う。

(4)「勇気を高める関わり」の背景で,「共同体感覚」をともに育み続けること

これまで事例を通して,アドラー心理臨床における関わり方の基本である臨床的「勇気を高める関わり方」である臨床的「仲間」関係を作っていくことについて述べてきた。

ここで最後に指摘しておきたいことは,「勇気を高める」こととは,単なるスキルレベルで留まるものではなく,「勇気を高めること＝共同体感覚の相互育成」という「臨床思想」を加えた形での支援のあり方を模索することが必要であると考えることである（八巻,2016）。

別の言い方をすれば,クライエントとセラピストが,お互いの共同体感覚を見出すような質問や会話を重ねながら,ともに「仲間として対話」していくことが重要なのではないだろうか。

特に,クライエントやその家族と臨床的「仲間」関係を作っていこうとすること,つまり,クライエントやその家族を,セラピストが「信頼」し,「仲間」になっていこうとすることは,それがクライエントとセラピストお互いの共同体感覚を育むこと（共同体感覚の相互育成）にもなっていると考えられる。

ちなみに,第1章でも述べたように,アドラー心理学において「信頼」とは「無条件に信じること」を指す。条件付きで信じる「信用」とは違うものと考えている。

この「信頼」を伴う関係構築が,本来の「勇気づける」いや「勇気を高める」ことであり,それが「共同体感覚を相互育成」する力となっていく。これらのことが,アドラー心理臨床を行っていく者にとって,必要不可欠なセラピストの「スタンス」だと考えられる。

このように「共同体感覚の相互育成という臨床思想」をセラピストが意識しながら行っていくかどうかが,アドラー心理臨床の関わり方と,他のセラピーの関わり方の大きな違いであるとも言えるだろう。

本章の結論として，アドラー心理臨床的な関わり方である「勇気を高める関わり方」とは，共同体感覚の相互育成という臨床思想を意識しながら，臨床的「仲間」関係を作っていくこと，このことがアドラー心理臨床をやっていく「関わり方」における最も重要な基本姿勢であると筆者は考えている。

　文　　献
Adler, A. (1929a) AAC, Container 1, Lectures 1928-1929. *Reports of Medical Meetings, "Psychiatrists Meeting with Dr. Alfred Adler".*
Adler, A. (1929b) *The Science of Living.* Doubleday Anchor Books.（岸見一郎訳（2012）個人心理学講義：生きることの科学．アルテ，p.28.）
Adler, A. (1930) *Die Technik der Individualpsychologie II Die Seele des schwererziehbaren Schulkindes.* Fischer Taschenbuch Verlag.（岸見一郎訳（2012）個人心理学の技術Ⅱ．アルテ，p.14.）
Adler, A. (1964; Original work published 1956) *The Individual Psychology of Alfred Adler: A Systematic Presentation in Selections from His Writings.* (H. L. Ansbacher & R. R. Ansbacher, Eds.). Harper Torchbooks, New York, p.342.
Dreikurs, R. (1975) *Fandamentals of Adlerian Psychology.* Adler School of Professional.（宮野栄訳（1996）アドラー心理学の基礎．一光社，p.141.）
東豊（1993）セラピスト入門．日本評論社．
東豊（2013）リフレーミングの秘訣．日本評論社，p.21.
岸見一郎・古賀史健（2013）嫌われる勇気．ダイヤモンド社，p.202.
岸見一郎・古賀史健（2016）幸せになる勇気．ダイヤモンド社，p.2.
岩井俊憲（2011）勇気づけの心理学．金子書房，p.7.
児島達美（2008）可能性としての心理療法．金剛出版．
Manaster, G & Corsini, R. J. (1982) *Individual Psychology: Theory and Practice.* F. E. Peacock Publishers.（高尾利数・前田憲一訳（1995）現代アドラー心理学（上）．春秋社，p.123.）
森俊夫・黒沢幸子（2015）心理療法の本質を語る―ミルトン・エリクソンにはなれないけれど．遠見書房．
岡野憲一郎（1999）「治療者の自己開示」再考―治療者が「自分を用い

る」こと．精神分析研究，41(2), 39-45.
鈴木義也・八巻秀・深沢孝之（2015）アドラー臨床心理学入門．アルテ．
田嶌誠一（2009）現実に介入しつつ心に関わる―多面的援助アプローチと臨床の知恵．金剛出版．
八巻秀（2016）学校臨床活動における原点としてのアドラー心理学．子どもの心と学校臨床，14; 63-68.

第2章へのコメント

Comment

鈴木義也

　八巻先生は第2章において，アドラー心理学における関わり方の基本は，勇気づけであり，その前提は「仲間」関係を作ることであるという論を展開しています。

　ここで言う仲間とは，私的に友達になるということではなく，対等でポジティブでエンカレッジな横関係です。

　読んでいて，かつてアドラーから教えを受けたこともあるロジャーズが，カウンセリングにおいて専門家然とした態度ではなく，生身の人間としての出会いの大切さを説いていたのを思い出しました。それはアドラーの共同体感覚から流れてきた同胞意識の一形態だったのではないでしょうか。

　その仲間感覚ですが，八巻先生は，ニーズを引き出すジョイニングをしながら動機づけを高めた後に，すかさず自己開示的な連帯関係を構築して，外在化を用いた未来志向の語りに移行していきます。それは，セラピストのポジショニングを順次変えることで，関係性を展開させていく現代の家族療法系技法の統合的アプローチであり，ストレートなロジャーズとは異なる道筋なのですが，あら不思議，どちらもがたどり着いたのは同じアドラーの共同体感覚のような様相でした。

　臨床において，この同胞感覚という同盟形成は格別に効果的だと思います。ブリーフセラピー的には，いかに早く効果的に友好関係

になれるかが工夫のしどころでしょう。クラスで共同体感覚が大切であるように，セラピーという場でも共同体感覚は大切です。

　そもそも私たち皆は同胞，仲間，友なのです。なのに，そのことを忘れて，敵になったり，よそ者にしたりして仲間らしからぬことになっています。そんな役割にはまってしまっているのです。ならば，セラピーではあえて原点である仲間としての役づけや意味づけに戻って，同胞感覚や仲間感覚で友好関係や同盟関係を築くことができるのではないでしょうか。このことはアドラー心理学の姿勢としてとても重要なことに思えます。良き友は心強いものです。セラピーでそういう仲間感覚を感じられることが勇気につながります。

　アドラーは，私たちは元々仲間であり，臨床においても，そのようにふるまうべきだということを今でも思い出させてくれるのです。

Comment　　　　　　　　　　　　　　　　　　　　深沢孝之

　関わり方の根本，底流に勇気づけがあるというのはアドレリアン・カウンセリングの基本だと思いますが，本章で展開されるその方法が八巻先生らしくて面白く感じました。

　カウンセリングの事例から，八巻先生が相手のニーズを引き出し，推測しつつ，自分のポジションを変えていくところなど，家族療法家でもある先生の面目躍如といったところです。事例のような「連れてこられてきたクライエント」のニーズをつかむのはなかなか大変な気がしますが，どうやって八巻先生がそれを実現しているのかに関心がわきました。

　また，「自分を用いる」ことは，いわゆるロジャーズの「セラピストの自己開示」の問題と絡むところだと思いますが，これについては以前からいろいろな意見があっていくつか研究もされているようです。

　その中でも,「専門家の鎧を外して自分を用いる」をよしとするのは，アドラーから始まって最近のオープンダイアローグなどに至る，ある種の流れとして心理臨床史にあるのかもしれません。それがよ

うやく表に現れてきたということでしょうか。

　そこで,「自分を用いる」とは実際どういうことなのか,どうやるのか,どの程度の内容を含めばいいのかに関心を持ちました。もちろん,セラピストの個人情報をどんどん明らかにするというわけではなく,面接のその場でセラピストが感じたもの,考えたことをどう表現するか,ということでしょう。いわゆるリフレクションのあり方や,古くからいわれる「自己一致」との関連性がうかがえます。実践するにはなかなかガッツの要るところですが,自分の課題としたいと思います。

　「クライエントとセラピストお互いの共同体感覚を育む」というところは,アドラー心理学だけでなく,セラピー文化の核心のところの言語化になる可能性を感じます。これまでたくさんのセラピストによる「クライエントによって育てられました」とか「ケースによって鍛えられました」という言葉や謝辞を読んだり聞いたりしてきましたし,私にもそのような実感がありますが,もしそれが単なる社交辞令とかではないなら,実はこの辺りのことを意味していたのかもしれません。

　アドラー心理学によると,共同体感覚は精神的健康のバロメーターだそうですから,セラピーをするほど私たちは心が健康になれますね（笑）。

第3章

見立て

鈴木義也

（1）見立ての視点

　見立てとは心理アセスメントだが，心理測定のみならず，治療的な含意をもった心理査定が見立てと呼ばれている。「この人はどんな人なのだろうか」で終わらず，「こういう人にはどういうことがいいのだろうか」というところまで視野に入れているのが見立てである。本論では見立ても査定もアセスメントもこの意味で用いる。

　さて，それぞれの学派は何かしらの物の考え方である理論を持っている。物の考え方は，すなわち，物の見方である。つまり，理論は何がしかの認識論に基づいている。このような物の考え方や物の見方は，おのおのの学派の特色に染められた色メガネ，物差し，前提として見立てに直結している。学派が違えば見立ても違う。同じ事例に相対しても，学派や人によって異なる見立てになるのは自明である。

　アドラー心理学の見立ては割とはっきりしている。アドラー心理学には明確な理論的な枠組みや大まかな類型化があるからだ。それでは，アドラー心理学は見立てにおいて，一体何を見定めようとしているのだろうか。

　アドラー心理学的なセラピスト（アドレリアン）なら，以下のような視点から見立てをしようとするかもしれない。目の前にいる独自の存在（ユニーク）であるクライエントは，人との関わりにおいて（対人関係論），一貫して（全体論），何を目指して（目的論），どのように意味づけて（認知論），人生を選び（主体論），結局，それは

どのような動き（力動）となっているのだろうかと。そして，その人の生き方に，さらに共同体感覚が感じられ，勇気が発揮され，社会的に有益な側面が展開されるにはどうしたらいいのだろうかと。

　上記は，ライフスタイルと共同体感覚の2つの概念に絞ることができよう。その人のライフスタイルはどのようなもので，それは共同体感覚と共鳴するものかどうかということが見立てとなる。

　共同体感覚は精神的健康度のバロメーターであると言われる。アドラー心理学で言う勇気や協力や挑戦は共同体感覚と関連するものである。

　ライフスタイルは，人生への対処，人生設計，人生プログラムなどに相当するものである。見立てにおいては，症状もライフスタイルから来る表現として位置づけられる。

　ライフスタイルは，その人に与えられている課題としてのライフ・タスク，その人が向かおうと仮想している目標，ライフスタイルの類型からも考えられる。これらはそれぞれタスク，ゴール，対処パターンである。

　総じて，アドラー心理学は人間全体と人生全体を扱う。そんな大風呂敷を広げていいのだろうか。現代は症状の除去とか，行動や認知の変化とか，関係性の変化とか，クライエントのニーズとか目の前の多様化した喫急の問題に，細分化し特化し専門化して対処するのが流行りだが，アドラー心理学は人生を考えざるをえないセラピーである。だから，人生に生起する問題にはオールラウンドに対処できるし，どの問題も人生にからめて考える。細分化したセラピーにはない人生についてのマクロな視点がアドラー心理学の売りである。

　また，アドラー心理学の技法の用い方は折衷的である。他の学派の細分化した技法でも良ければ躊躇なく用いる。だから，最新の技法や知見を包括しても，その臨床のバックグラウンドで作動できるのがアドラー心理学なのだ。パソコンで言うなら，個々の問題対処のソフトだけではなく，人生全体を動かす OS でもある。

　これから見立ての諸視点として，まずは共同体感覚，次にライフ・

タスク，家族布置，夢，早期回想，体，特殊診断質問，ライフスタイル類型などを順次述べていく。

（2）共同体感覚による見立て

　アドラー心理学が世界に望んでいること，それは個人が尊重され，集団（夫婦，家族，学校，会社，社会）も民主的に機能していることではないだろうか。そのために，期待されることは，そのような社会を構成する「共同体感覚」をそなえた「市民」の育成である。

　共同体感覚は「貢献感」「所属感・信頼感」「自己受容」の因子からなるとする研究（高坂，2011）や，「私は人々にプラスを与える能力がある」と「人々は私にプラスを与えてくれる」という2つのスキーマからなるという研究（橋口，2014）がある。それは個人と集団の共存的な感覚である。共同体感覚は「教育や治療の中のもっとも重要な部分」（Adler, 1969; p.16）だとアドラーは述べている。共同体感覚はアドラー心理学の実施に際しての指針であり，かつ，目標でもある。

　だから，アドラー心理学においては，**この共同体感覚がどの程度あるかが見立てのポイント**となる。共同体感覚は多い方がいい。セラピストとして筆者は「この人の共同体感覚は高いな／低いな」という見立てをしたり，それに基づいて，クライエントに対して「もう少し共同体感覚が増すためには，どのような課題を出したらいいのだろうか」などと対策を考えたりする。

共同体感覚を推し量る

　ちなみに，共同体感覚を測るための「共同体感覚尺度」日本版も開発されており，小学校版や青年版（高坂，2011，2014；橋口，2014）などがある。クラスの共同体感覚を測って，クラス全体の共同体感覚の増減を比較することができる。

　個人カウンセリングにおいては，この共同体感覚尺度を用いることもできるが，筆者の場合は面接に際して共同体感覚を測定することはない。仮に，測定をしたならば，その内容と結果を説明する責

任が生じるが,「あなたは共同体感覚が低いですね」などという無粋なフィードバックをしても仕方ないし,共同体感覚という概念をクライエントと共有すること自体が難しいし,あまり意味がない。相手が共同体感覚という概念を理解することが大切なのではなく,その人の共同体感覚が向上することが大切なのである。自己効力感という概念を理解してもらうことよりも,自己効力感が上がるような働きかけをしていくことが有益なのと同様である。

ただ,共同体感覚という概念は,クライエントに秘密にしておかなければならないものではない。共同体感覚は向上させる価値のあるものだということをクライエントに理解してもらうという手間をかけるなら,読書療法としてアドラー心理学の本を課題図書にするときや,心理教育的に用いることは可能である。

共同体感覚の必要性

幼少期にライフスタイルという生き方の「原型」が形成されるとき,共同体感覚がそこに豊富に組み込まれていることが望ましい。**共同体感覚の含有率の高いライフスタイル**なら有益な人生へと向かい,そうでないライフスタイルだと無益な生き方に向かうことになる。共同体感覚は「ある／なし」と単純に判定できるものではなく,その量や質を考えなくてはならないし,伸ばしていくことができる変化するものである。

臨床においては,「共同体感覚がその人に今,どの程度あるかどうか」が問題となってくるが,それはこちらが感じ取る主観的なものでしかない。共同体感覚は概念的にも科学的にもあやふやなもので,実証的裏付けは十分とは言えない。にもかかわらず,共同体感覚は臨床的には有益な指針であり,見立ての基準として押さえておくと便利である。

共同体感覚があることに関して,アドラーは以下のように述べている。

「一番最初から共同体感覚を理解することが必要である。なぜ

なら，共同体感覚は教育や治療の中のもっとも重要な部分だからである。勇気があり，自信があり，リラックスしている人だけが，人生の有利な面からだけでなく，困難からも益を受けることができる。そのような人は，決して恐れたりしない。困難があることは知っているが，それを克服できることも知っており，すべて例外なく対人関係の問題である人生のあらゆる問題に対して準備ができているからである」(Adler, 1969; p.16)

他方，共同体感覚が欠けている場合とその対処について，アドラーは以下のように述べている。

「先に言及した三つのタイプの子どもは，原型（引用者注：ライフスタイルのこと）を発達させる際に共同体感覚をあまり発達させない。人生において必要なものを成し遂げることや，困難を解決することに役立つ精神的態度を発達させてこなかったのである。打ち負かされたと感じると，原型は人生の問題に対して誤った態度を持つ。そして，人生の有用でない面でパーソナリティを発達させる傾向がある。他方，このような患者を治療する時のわれわれの課題は，〔人生の〕有用な面での行動を発達させ，人生と社会に対して広く有用な態度を確立することである。

共同体感覚が欠けていることは，人生の有用でない面へと方向付けられていることである。共同体感覚が欠けている人として，問題行動のある子ども，犯罪者，精神病者，アルコール依存症者をあげることができる。このような人のケースにおけるわれわれの課題は，彼〔女〕らを人生の有用な面へと戻るように影響を及ぼし，他の人に関心を持つようにさせることであるといえる」（前掲書，p.16）

共同体感覚が豊富であることは人生の有用な側面が発達していることであり，その人に勇気が備わっていることでもある。反対に，共同体感覚が貧弱であれば無益な側面での発達を遂げており，勇気が

損なわれていることがうかがえる。**共同体感覚は勇気，有用性などと密接に関連している。**

治療的には先のアドラーの提言のように，抽象的な共同体感覚を提示するのではなく具体的な有用性に向けて歩みを進めればいいということになる。

共同体感覚を欠いた力動

アドラー心理学における精神病理学的プロトタイプは強迫症である。

「絶え間なく窓を数えることが無益であることを知っていても，やめることができない」（前掲書，p.17）強迫症のクライエントは「有用なことに関心があれば，決してそのようなことをしない」（同上）はずなのだというのがアドラーの説である。

また，アドラーは，緑青で覆われたコインが他の女性の野菜籠に落ちたためにその家族を毒殺したのではないかという加害的強迫観念の例（Adler, 2014; p.21）を上げている。

アドラーはこれら強迫症の力動を「**不完全な停滞**」と呼んでいる。それは「人生の困難を前にしていっそう不安になり，人生の課題をますます棚上げにするようになり，強迫観念という形での新しい種類の優越性を追求するようになった」（前掲書，p.21）という解釈である。

人生の課題や困難に際して，人は勝利することもあれば敗北することもあるし，達成することもあれば達成できないこともあるし，優越や完全に近づくこともあれば進めないときもある。それが普通だ。アドラー心理学は凱旋主義でも成功哲学でもない。

だから，別に敗北してもいいのだが，優越を追求したいがゆえに，「有用でない面に優越性を探す」（前掲書，p.24）ことになると，「勇気と自信を失った人の場合は，それは人生の有用な面から有用でない面へと方向が転じられる」（前掲書，p.24）と考えている。

アドラー心理学では，勉学で優越することができない兄に対して，弟が勉学とは別のスポーツというジャンルで優越しようとする喩

がよく示される。強迫症も有用な領域で活躍する勇気を失ったので，症状や空想という別のジャンルに展開の場を見出していると解釈される。それは有益ではないジャンルなのだが，そこでなら強迫症状によって物事を「完璧にこなしている」という優越感や完全性の追求が可能となり，それを懸命に取り組むという課題があるから，有益なジャンルの本来の課題に取り組まなくてもいいという言い訳を立てられるのだ。このような意味での疾病利得があると考えられる。本人もそれが無益なものだと自覚しているにもかかわらず，やめられないのはこのように気づいていない力動が強力に働いているためだと考えられる。

　強迫症は個人や症状によってさらに細かな意味づけがあるであろうが，基本的には勇気や共同体感覚を欠いて，人生の課題（ライフ・タスク）に対する歪んだ取り組みをしていると解される。それは非現実的で空想的で無益な側面に「不完全な停滞」，もしくは，逃避することである。

　アドラー心理学はこのような考えを病理一般にも適用して考える。そして，このような力動は神経症に限らない日常の心理である。例えば，テスト前になるとなぜか部屋の乱れが気になり，試験勉強そっちのけで整理整頓して気持ちよくなっているのはよくあることだが，これも「不完全な停滞」である。その点で，神経症は変質ではなく量的に行き過ぎた行為なのである。強迫症はやり過ぎなのだ。

共同体感覚から見た事例

　妄想という症状も同様な機能を果たす事例を紹介しよう。

　あるご婦人は夫の浮気を疑っている。彼女は夫に執拗なまでに確認を繰り返している。最初は一笑に付して反論していた夫も，段々と参ってきて，妻の疑念は病的なものだからと夫婦してクリニックを受診した。妻は妄想以外は至って正常であるが，「どうにも疑いが拭えないし，確信してしまう」のであった。いくら反証するような事実を夫や子ども達からあげられても，その確信を崩すことができない。このような年配の方の事例を筆者は時々経験する。

このように「誤った仕方で注意を集中することは，神経症一般に典型的なこと」(前掲書, p.19) である。夫の証言より自分の疑念に注意を集中することに何らかの意味があるのだが，それは「負けるという可能性がある時はいつでも，立ち止まるという特徴を持ったライフスタイル」(前掲書, p.19) だからだとアドラーは述べている。たとえ妄想であっても，そこで立ち止まって停滞していれば，ライフ・タスクにおける敗北に晒されなくていいからだ。それにこの浮気の妄想は「夫の主張は信用できない」「夫は浮気をするひどい人間だ」という倫理的攻撃することで，夫に「いついつはまっすぐ家に帰ってきた」というアリバイを出しようがない立証責任を負わせる。それは夫を劣勢に追い込むことで，自分が優位に立てる機能を立派に果たしている。

妻によれば，夫は長年仕事にかまけて自分や家族のことをかまってくれなかったという。そういう人生を自分に押し付けてきたのだが，定年に至って，夫は何事もなかったかのようにしゃあしゃあと悠々自適な生活を送っている。そればかりか，家でふんぞり返っていちいちこちらの家事に口出ししてくる。確かに，これでは妻の人生は劣勢である。そこで妻は人生における敗北を受け入れず，敗北で終わらないために反撃としての妄想によって夫に一矢報いているのである。

アドラーは「神経症の症状が進行するのは，人生のこのような重要な時期においてである」(前掲書, p.19) と語っているが，まさに，物理的に夫と距離があった結婚生活が，定年を迎えて家で共に過ごすことで距離が縮まるという節目の時期になって，妻からの応戦がなされたと言えよう。

もしも，夫婦で率直な意見交換がなされていたなら，このような迂回した妄想の出番はなかったかもしれない。ならば，こちらも，それへのカウンターとして本来の話し合いをとりもつようにすればいい。

オーセンティックなアドレリアン・セラピーの本には分析と洞察のことが記されているが (Dinkmeyer et al, 2000; pp.83-89, pp.98-101），この事例では力動を解釈し直面化し洞察を促すことは，通じそうもないのでおこなわなかった。仮にそれができたとしても，その「異常」な妄想は夫に対する妻の反撃なので，それをセラピストが否定すれば夫に加勢することになる。セラピストが専門家の理論で相手を圧倒することは，夫に「圧倒されて敗北」してきた妻を再び打ち負かし，夫を利するというアンバランスを助長するのでしないほうがいい。むしろ，妻の立場に立って，今までの苦労をねぎらいつつ，妄想とは別の現実生活の次元で夫への不満や主張を応援することで有用な側面の増強を図った。

また本人を応援するだけでなく，夫にも何度か同席してもらって夫婦でいろいろと話し合ってもらった。アドラー心理学には「家族会議」という家庭でおこなう話し合い手法があるが，それを面接室で実施した。セラピストは相互に意見交換ができるように二人の対話を取り持った。このときは妻だけを応援するのではなく，妻と夫を対等に応援するというスタンスで，どちらかの味方にはならないようにした。

アドラー心理学は，戦いではなく協力の人間関係を目指している。だから，夫婦関係も相手との戦いを挑発するのではなく，しっかり自分の意見を述べることを応援する。個人面談においては劣勢に立たされている妻を応援するが，夫婦間の紛争解決においては夫婦両者を応援しつつ中立的に調整していくという二段構えで対応した。

そうこうするうちに，セラピーの内容も「異常」な疑念について云々することよりも，本人の生活について語られる割合が増え，妄想とその訴えも減少した。そして，夫への疑いは完全には晴れないが，さほど気にならなくなったのでセラピーを終結したいという申し出があった。

夫婦関係のパワーバランスについての妻の認知に，何かしらの変化がもたらされたので「症状」は不要となったのではないだろうか。勇気をもって夫に主張することができれば，症状という「異常」なバイパスルートを使わずに済むようになる。

さほど問題にならない白昼夢のような疑念であれば，夫は信用な

らないという気持ちを自覚する手立てとして残しておいてもいいだろう。妻を「異常さ」でやりこめないためにも，生活が有益な側面に向かっているならば良しとした。

　妻が家族の説得に応じず空想的で無益な疑念の世界に入っているのは，まさに共同体感覚からはずれた状況であった。それを現実的な夫婦関係という次元に軌道修正したのがこの事例である。前述のように，共同体感覚という難解な言葉はクライエントに伝えていないが，こちらの見立てと対処としての共同体感覚は，無益な面から有益な面に移行するための指針となっている。

　ユング派などの他の力動流派においても，無意識（＝症状）は自我への補償的なカウンターバランスであるという見立てがある。ユングは「神々（＝無意識）は病に姿を変えた」という見立てをするが，アドラー心理学は共同体感覚に基づいて，症状は「神々」ではなく「無益」なものと意味づけている。また，人間は統一体であるという全体論的見地から，自我（＝意識）と無意識を対立する相補的な関係とは見なさず，非分割的（individual＝二つには分けられない）な本人が無益な領域を選択していると捉える。セラピストが**カウンターバランスを施すのは意識と無意識に対してではなく，有益と無益に対してなのである。**

（3）各種の概念からの見立て

ライフスタイルからの見立て

　これから見ていく各種の概念は，どれもライフスタイルというものにつながるものである。ライフスタイルとは「生き方」である。意識できなくても誰もがその人なりの生きる方針や方略をすでに持っている。ライフスタイルはライフプランとかライフパターンとも呼ばれている。

　人は個々に独自のライフスタイルを作るとされ，アドラーは山に生える松と谷に生える松では，同じ松でもライフスタイルが違うという喩え話をしている（Adler, 1969; p.54)。ただし，この譬えは，環境がライフスタイルを作るという意味ではなく，環境に応じて本

人がライフスタイルを変えるという意味である。

　ライフスタイルはおよそ小学校時代に形成され，その後の一貫した行動原理となると考えられている。ライフスタイルを自覚することは難しく，深い自己洞察やセラピーがない限り気づかないとされる。鏡がないと自分の顔を見ることができないように，ライフスタイルもそれを映し出すものがないと自覚はできないものなのだ。そして，ライフスタイルは余程大きな出来事やセラピーでもない限り自然に変わることはないと言われている。アドラーは「先入見（引用者注：ライフスタイルのこと）をいわば武装解除するような仕方で，人格の中に立ち入るのでなければ，考えを変えることは不可能」（前掲書，p.63）だと語っている。

　社会に適合しない一定のライフスタイルが設定されると，対人関係で一定のパターンの軋轢が生じるようになる。そのようなトラブルが反復されることは，その人のライフスタイルの不適切性を示しているかもしれない。

　ある不登校児のライフスタイルは「社会は恐ろしいものに満ちているので家にいる方が安全だ」というものである。彼の認識（世界観）は，「社会は恐ろしい」ものだが，「自分は弱い」（自己概念）というものである。そして，自分が「安全」であることを目指しているのであれば（自己理想），そのための手段として「家にいる」が選択されている。もっともな論理ではないだろうか。もちろん，この論理では引き篭る人生になってしまう。このライフスタイルの論理は現実的に行き詰まらざるをえないものである。学校の建物に近づいただけで固まって動かなくなってしまう生徒の心にはこのような類のライフスタイルが支配的だと思われる。

　以下に，ライフスタイルと関連する各種の概念を取り上げていく。

ライフ・タスクからの見立て

　アドラー心理学では，人間は「仕事」「交友」「愛」という３つの人生における課題（ライフ・タスク）に取り組むことになっているという前提がある。ちなみに，この３つに「自己」と「スピリチュ

アル」という2つの課題を加えて設定するという説もあるが、ここでは標準的な3つのタスクを扱う。

そこでまずは、クライエントが3つのタスクにどのように取り組んでいるかを考える。そして、クライエントの主訴やセラピーの目標となるのは、どのタスクなのかということも確認する。

どの課題かということの判別は、さほど難しいものではない。「仕事の課題（ワーク・タスク）」は、いわゆる生活の糧とするための仕事だが、学生なら勉学ということになる。ここではどの程度、自分の課題をこなせているかという成果や達成などが課題とされる。「交友の課題（フレンドシップ・タスク）」は、人付き合いや仲間関係が課題で、成果というよりも共同で行事を共にすることを通しての充実感や所属感などが得られているかなどが課題といえる。「愛の課題（ラブ・タスク）」は、さらに親密な人間関係や結婚や家族関係などが課題となる。

仕事、交友、愛の順番で人間関係の難易度が増すと言われているが、それは、より親密な関係を要求されるからである。けれども、現実には仕事のタスクが一番大変だという話をよく聞く。友達ができないというのは交友のタスクで、婚活はまさに愛のタスクである。

子育ては愛のタスクなのか、仕事のタスクなのかとか、仕事上での付き合いは仕事のタスクなのか交友のタスクなのかなど、区分けに戸惑うものもあるが、形式的な分類よりも文脈から分類したほうがいいだろう。

見立てに際しては、3つのタスクという枠組みから全体的に俯瞰して、それぞれの割合がどうか、どのタスクに力を入れていて、どのタスクは手をつけられていないかという取り組み状況を知ることがクライエントの把握に役立つ。

タスクが成功しているかどうかという達成度だけに目を奪われない方がいい。友達ができないことで不登校になる生徒がいる一方で、友達がいなくても気にせず登校する生徒もいる。達成していなくても、そのタスクを気にしていれば扱う必要があるが、本人が問題としていないなら、すぐには取り上げることもない。

主訴として上がってきているタスクが「図」だとすれば,「地」として背景にあるタスクのことも考えてみる価値がある。例えば,あるクライエントは仕事のタスクを主訴として来談したが,仕事の辛さを配偶者に話したところ「気合が足りない」「うつになるのは弱い人間だ」などと言われてしょげてしまっていることがわかった。となると,愛のタスクも絡んでくることになる。反対に,愛のタスクである男女交際の問題での相談であっても,仕事のタスクが多忙でつきあいがおろそかになっているという背景が出てくる場合もある。

　また,取り組んでいるタスクが1つだけとは限らず,同時に2つ以上のタスクの困難さに直面している場合もある。これはマルチ・タスク,すなわち,マルチ・ストレスになっているので,それだけ個人にかかる負担が大きくなっているという見立てが成り立つ。

　このように,3つのタスクの観点からクライエントの人生を照らしてみると,見立ての死角が少なくなり,広域に問題を判断することができる。

　そして,このライフ・タスクにどのように取り組んでいるかという取り組み方や対処のパターンに,ライフスタイルが現れていると考えられる。つまり,課題（ライフ・タスク）と対処（ライフスタイル）はペアになっているのである。

　　「人間のすべての問題は,この三つの問題,即ち,仕事,対人関係,性に分けられるということを見てきた。各人がこの三つの問題にどう対処するかによって,各人はまぎれもなく,人生の意味についての自分自身の個人的な解釈を明らかにする」（Adler, 1931; pp.12-13）

家族布置からの見立て

　家族布置とは family constellation の訳である。constellation とは星座の位置のことで,ユング派が言うコンステレーションと同じ言葉である。星の並び方によって人生の解釈が異なるように,出生順位としてのきょうだいの配置によって人生が異なってくる。

家族布置については,『アドラー臨床心理学入門』(鈴木ほか,2015; pp.169-178) に概説があり,『人はなぜ神経症になるのか』(Adler, 1964; pp.105-127) にも詳しい。

出生順位によるきょうだい研究は時代や文化に左右されない普遍的な傾向を見出している。親の期待や評価を気にして達成動機が高い理想主義の長子,依存的にして甘えん坊で社交的で現実主義の次子などである。アドラー心理学でも,王座喪失の第一子,競争者の第二子,不安定な地位の中間子,甘やかされた末子,注目の的の単独子などの特徴が挙げられている。

ただ,これは一般的な傾向に過ぎないので,目の前にいるクライエントがどうであるかを個別に詳しく見ていく必要がある。この順番だからこういう性格だと決めつけたら占いになってしまう。例えば,10歳年が離れていれば末子は一人っ子のように育っている。

また,きょうだい関係にどのような意味づけをしているかは聞いてみないとわからない。ライフスタイルを形成する上で,**家族はその人に何を伝え,その人は家族から何を学んだのかという個人的な記述(現象学的意味づけ)を尋ねることが大切である。**

家族布置を見立ての参考にするには,「何番目のきょうだいか」「他のきょうだいはあなたをどう扱ったか」「親のあなたときょうだいに対する態度に違いはあったのか」「あなたはそのきょうだいのことをどう思っていたか」などの質問をすることができよう。

さらに,「その後の人生で,そのきょうだいと似たような関係になったことはあるのか」「例えば,いつも年上が苦手とかいうことはないのか」なども尋ねてみることができよう。社会において「年上(年下)が苦手だ(相性がいい)」「男(女)と相性がいい」というのも,家族布置を基にしたライフスタイルだと言える。特に,セラピーにおいては「自分を助けてくれていたのは年上(年下/男/女など)か」ということも重要である。それと同じパターンだと支援を受け入れやすくなるからだ。

いずれにせよ,親子や兄弟の位置関係は何かしらの影響をもたらすものである。しかし,その運命をどのように捉えて対処していっ

たのかというところに個々のライフスタイルが結晶しているのである。

出生順位だけでなく，**家族価値や家族の雰囲気**なども見立ての参考となる。「あなたの家族ではどのようなことに価値を置いていましたか」「あなたの家族はどのような価値観に基づいて生活していたと思いますか」「あなたの家族はどのような雰囲気でしたか」などと質問してみることができよう。これらは言語化されていないが，行いによって如実に表れている価値観や雰囲気である。

家族価値の一部として，「親の期待を受け入れたかどうか」という質問も重宝する。子どもは親の期待に対して，**親に沿うように生きるか生きないか**，二つに一つであるとアドラー心理学ではよく言われる。「期待通りにしてきて良かったのか，悪かったのか」「期待に反してきて良かったのか，悪かったのか」「期待に沿うようにがんばってきたのかどうか」「期待が嫌ではなかったのかどうか」という話はセラピーでもよく出るテーマである。代々続く**一族や地域からの期待やプレッシャー**などの拡大家族に関することも，その人の人生に影響を与えている。

ある人には成功した弟がいるが，自分は病気で仕事もままならない状況である。家族布置から見ると，理想主義で王座喪失を感じている長子にとっては，王座喪失が現実になってしまった状況である。本人は，本当なら自分が家督を継いでいくべきだったのに，それどころか，下の弟の後塵を拝して，このていたらくは何だと自分を責めることになっている。これがもし，甘やかされた末子であれば，上の兄たちを追い抜こうなどとは考えず，おこぼれに預かりたいくらいに考えていたりする。

「**本当はこうであったはずなのに（自己理想），こんなことがあるせいで（症状や問題），現実にはこんなことになってしまっている（劣等感）**」という言い訳をアドラー心理学はよく指摘する。「家族布置において，その人が抱いた理想は何だったのか，果たして，それは実現したのか，しなかったのか，そして，実現しなかった場合はその言い訳を何のせいにしているのか」というライフスタイルの筋

書きを聴取することが見立てにつながっている。

夢による見立て

アドラーは結婚を目前として広場恐怖を発症した男性の夢を扱っている。それは「私は、オーストリアとハンガリーの国境を横切りました。彼らは私を監獄に閉じ込めようとしました」（Adler, 1964; p.12）という短い夢であった。アドラーはこの夢を「もしも進んでいけば失敗する恐れがあるので立ち止まりたい、とこの男性が願っているということを示している」（前掲書, p.12）と解釈している。アドラーは「神経症は常に、人生の三つの課題に対する臆病な態度を表しており、それに苦しむ人は、必ず『甘やかされた子ども』である」（前掲書, p.12）と語っている。

この事例の男性は3つのライフ・タスクの一つである愛のタスク、すなわち、結婚の境に立っていた。国境を越えて結婚することや、結婚生活という監獄に閉じ込められてしまうぞという恐れの警告を夢は発している。これは「**夢の中でこのようなイメージによって自分自身を欺く**」（前掲書, p.12；太字は筆者）ことであり、「活動の範囲を限定し」「時間を稼ぐために、『足踏みしたい（時間を止めたい）』と思ったのである」（前掲書, p.12）と、アドラーは不安症の本質をえぐるコメントをしている。

つまり、広場恐怖や夢による恐れをもって、この人はライフ・タスクにおける前進を思い留まろうとしているというのである。この人の人生への態度であるライフスタイルは「人生は危険に満ちているので、安全な道しか通ってはいけない」とか「人と一緒に何かをすると、自分は必ず損な役回りをするはめになるので、一人でいる方が気楽だ」とかかもしれない。

アドラーは「あらゆる夢は、それの『気分』を創り出す」という発見をしたことを、「個人心理学の貢献」（前掲書, p.22）だと自賛している。「夢は気分を入り込ませる」（前掲書, p.22）ものであり、「夢を見ることは、眠りの中で、現実とコモンセンス（引用者注：共同体感覚のこと）から離れて、優越性の目標へ向かう過程である」

（前掲書,p.23）としている。目標に達することが論理的な思考によって不可能でも，夢が入り込ませた「感情によってならば容易である。その「近道」が夢なのである」（前掲書，p.23）。

　かく言うアドラー自身も，1926 年の渡米渡航前夜に，乗船した船が沈没して身ひとつになって陸まで泳ぎきるという悪夢を見ている（鈴木ほか，2005; p.115）。大海に放り出されてもサバイバルするこの凄まじい勇気には恐れ入る。

　夢はさまざまな解釈が可能であるが，アドラーは「夢は単に覚醒時に成就できなかった願望の代替満足ではない」（Adler, 1964; p.173）としている。また，夢は「ライフスタイル全体の機能であり，過去よりも未来により動的に関連している」（前掲書，p.173）。夢が語るメッセージはあくまでもそのライフスタイルが表現しているものに過ぎない。だから，ライフスタイルを問うことが重要なのであって，夢のメッセージを警告として真に受けない方がいい。このようなアドラーの解釈は，夢を無意識からの示唆に富んだメッセージであるとポジティブに解釈するものではない。

　アドラーは「個人の私的な優越性の目標に向かっての道を開くことが，常に夢の目標である」（Adler, 1969; p.94）が，「夢の目的は，論理的にも，ありのままにも表現されない」（前掲書，p.94）と述べている。そして，夢は「予期される課題において自分自身の優越性の目標を追求する時に自分を支え，課題を自分自身の方法で，しかしコモンセンスの要求には反する形で解決するためにある種の不合理な力を蓄積していく」（Adler, 1964; p.173）ものであり，「夢を見るということ自体は，当人がコモンセンスでは課題を解決することができないと感じているということのサイン」（前掲書，p.174）であり，夢において「自分の状況を『隠喩的に』見ることは，一種そこからの『逃避』」（前掲書，p.174）であり，「それは本質的には自己欺瞞であり，自分自身の個人的な目標のためなのである。それゆえ，個人的な目標が現実に一致すればするほど，人は夢を見ることが少なくなる，と予想することができる。勇気のある人はめったに夢を見ない。昼間に十分状況に対処しているからである」（前掲書，

p.174)とまで言っている。

　夢は共同体感覚や現実が迫る課題の解決から逃避し，夢想的な優越に手っ取り早く浸ろうとする自己欺瞞である。だから，アドラーは夢が入り込ませる気分に欺かれてはならないと言っている。

　このような夢の解釈は一般的な心理臨床の解釈とはかなり異なるので，とんでもないよう思われるかもしれないが，あくまでライフスタイルを解明しようとする姿勢から生じているものなのである。**不適切なライフスタイルは不適切な夢を作る**ことができるのだ。このような文脈による理解で，クライエントの夢を見立てみてはいかがであろうか。アドラーはオルタナなのである。

早期回想からの見立て

　早期回想はアドラーによるオリジナルの査定技法であり，数あるアドラー技法の白眉である。過去の古いエピソードを語ってもらうのだが，鮮明なイメージと深い感銘をこちらにもたらしてくれる素晴らしい手法である。それはライフスタイルを浮き彫りにするためのものである。

　筆者は早期回想の導入を，普通はセラピーの問題が同定されて以降，すなわち，2回目以降にしている。生育歴の聴取ではないし，過去のトラウマを探るものでもない。早急な問題に対処しているときは早期回想はおこなわない。今現在の問題を扱っているのに，昔の思い出を聞かせてくださいというのは，唐突でひどくズレてしまうからだ。また，クライエントの関係者についての相談の場合も，クライエント自身に問題があるとこちらが思っていると受け取られてしまうので用いない。

　早期回想は自己理解を深めたいなどの内省的要望がある場合は即座に導入できるが，基本的にはある程度のラポールができてからおこなうことが望ましい。著者は主訴や問題についての話が一段落して，さてどうしていきましょうかと目標設定をしていこうとするあたりで，おもむろに「ところで」と切り出すことが多い。「問題を理解するために」という枕詞をつければあまり断られることはない。

特に固定した定型句はないが，著者は以下のような導入句を用いている。

　この問題に対処しているご自身の心理を知る参考として，昔の思い出をうかがいたいのですが，いいでしょうか。
　中でも，一番古くて印象に残っている出来事やエピソード，印象深くて，その時の気持ちも憶えているようなもの，毎年通っていたとかでなく，ある日ある時の出来事のシーン，印象深いものなら些細なことでも断片的でもかまいません。
　言いたくないものは言わなくていいです。
　嫌なものでも楽しいものでもいいです。

過去の記憶に誘っていくように，ゆっくりと上記の句を唱えていってもいいし，ビジネスライクに伝えても構わない。トラウマのある人は自然に身構えるが，聴取可能なら「トラウマのようなものを聞くためではありません。昔の思い出なら何でもいいですよ」と優しくゆるやかに教示する。

クライエントが記憶を語る間は，質問は最低限の確認に留め，エピソードが終わったら，「その後どうなったかの記憶はありますか」と念を押す。大抵は「ありません」と来るので，そのことからそのエピソード記憶が途切れたことがわかる。

そして，「思い出をゆっくりと読み上げますので，補足することや，新たに思い出すことがあったら教えてください」と伝えて，聴取しながら筆記しておいた早期回想をそのまま朗読し，補足があればしてもらう。

以上であるが，同様に合計3つ程の早期回想を収集する。勢いに乗ってどんどん思い出が出てくる場合はそれも聞く。あまり出てこなければ無理はしない。早期回想が時期尚早なら，ラポールが安定するまでしなくていいだろう。

複数の早期回想を聴取したら，それを味わいながらコメントしていく。丁度，食べ物を頂きながらああだこうだと感想を述べていく

ような感じである。こちらの受けた感じを述べることは，相手から出されたものを大切に扱うことである。

それから，早期回想に関して以下のようなポイントを参考にしながらまとめをしていく。早期回想のテーマは何であるか，どのような気持ちがしていたのか，出来事の結末は満足のいくものであったか否か，援助者がいた場合は誰が助けてくれたのか，その早期回想から学んだ教訓は何かなどである。

そうして，まとめとして「理不尽に嫌なことをされて怒りつつも呆然とするしかない弱い自分」などという要約文をこちらから提示し，そのまとめがクライエントにぴったりくるかどうかを確認し，共同で推敲していく。

それができたら，そのテーマが現在の自分の問題やテーマと関連していないかを参照する。すると，不思議なことに，多くの場合，今のテーマと符合する。びっくりするクライエントもいる。過去の思い出なんて聞いてどうするのだろうと内心思っていた人は，そこに今の自分のパターンを見て驚く。記憶をたぐりよせているのは今の自分なので，今の関心事と似ている記憶が取り出されるというのが種明かしである。そして，ライフスタイルは当時と変わっていないのが普通なので，同じテーマが通底しているはずである。こうしてライフスタイルの見立てが可能となる。

早期回想の事例
早期回想 1
ある日，保育園に行くときに，母がデニムのつなぎ服を着せてくれた。それは奇妙な形をしている変な服で，お母さんはセンス悪いなと思ったのだけれど，それを口に出すと，お母さんが怒って怒鳴るだろうなと思ったから黙っていた。保育園に行った後，園庭で遊んでいたら，おしっこに行きたくなったのでトイレに行ったが，いざ用を足そうとすると脱ぎ方がわからなかった。絶望しながらもいろいろ考えて工夫してボタンを外していったんだけれども，新しいデニムなのでボタンが硬くて外せなかった。どうしようと思ってい

たがついに決壊してしまった。それで，しくしく泣いていたら，意地悪なM子が嗅ぎつけて先生を呼んできた。それで，先生が扉を開けて，「あー，お漏らししちゃったのね」と言ったら，M子は踵を返して園庭に戻って嬉しそうに皆にRちゃんがお漏らししたと言いふらした。で，それを聞いたK男やM男がトイレの前まできて喜んで囃し立てた。泣き濡れていると，たぶん，先生が連絡したのだろうが，父が着替えをもってきてくれた。私が漏らすことはないのを知っていた父が「何で漏らしたの？」と訊いたら，横で保育士さんが「こんなの着せたら無理ですよ」と言った。この後の記憶はありません。

早期回想2

保育園の給食で出る脱脂粉乳がどうしても気持ち悪くて飲めなかった。でも，全部飲むように先生から言われたので，そのカップをわざと倒してこぼした。次の日も同じことをした。そして，その次の日も同じことをしたら，先生が恐ろしい形相で近づいてきて，私を抱き上げて給食室に連れて行って，鍋の底にあったさらにまずい脱脂粉乳のかびかびになったのをしゃくって，私を抱いたまま無理やり飲ませた。私は先生に負けてしまった悔しさと，ミルクの不味さに打ちひしがれて涙と鼻水を流しながらミルクを胃の中に入れた。とんでもない目にあっているのに，先生は「やればできるでしょ」と言った。ひどい。

この早期回想は，どちらも同じクライエントによるもので素晴らしいオチのついたエピソードとなっており，思わずクライエントと共に笑ってしまった。母や保育士や友達などからの理不尽な仕打ちに打ちのめされている様子が伝わって来る。大人に対して反抗できなかったり，反抗しても制圧されてしまう。「人生は理不尽で，自分はそれを耐えなくてはならない」というライフスタイルが浮かび上がる。それでも，ちゃんと理解して助けてくれる保育士や父親はいるし，自分なりに工夫したり反抗して戦う強さを持っていることを見逃してはならない。

このクライエントの主訴は子どもの部活の保護者活動で身勝手なリーダーに振り回されて疲弊しているというものであった。理解者はいるものの多勢に無勢で、自分と全く異なった価値観の中で役目を果たさなくてはならないことで辛くなってしまっている。

自分の責任ではないのに切羽詰まった状況に追い込まれてうまくいかず、周りから非難されるのは早期回想1であり、自分の思うようにやろうとしてもリーダーに潰されて不本意なことになるのは早期回想2と相似形である。

クライエントのテーマは往々にして早期回想と二重写しになっているので、課題がより鮮明に理解できる。**早期回想は今現在のクライエントのテーマの投影である。**それはトレーシング・ペーパーを置いてなぞるような作業だ。早期回想はクライエントの問題やライフスタイルを鮮明で象徴的なエピソードとして伝えてくれる。

身体からの見立て

アドラーは狭義の人間心理や夢解釈だけでなく、寝相、身体言語、職業選択などにも心理学的見立ての範囲を拡張した。今で言うボディ・ランゲージ、心身症、身体疾患なども先駆けて扱われている。

要は、人間の心と体と行いには、ライフスタイルというプログラムが表出せざるをえないのである。また、ライフスタイルは何がしかの目標に向かおうとして形をとっている。外的要因に帰すべきものもあることは承知の上だが、人間のあらゆる側面にライフスタイルの力動を見出そうとする観察は貴重な情報源となる。

このような見立ての視座は、人間は統一的で一貫した有機体であるというアドラー心理学の全体論からくる。人間は全体でひとつなので、金太郎飴のようにどこを切っても同じライフスタイルが顔をのぞかせるはずなのだ。また、意識と無意識は別々に自律的に動くものとはとらえないので、どの側面を取り上げたとしても、そこからその人の一貫した特徴が提供されるというのだ。それについて、アドラーは以下のように述べている。

「いろいろな病院の患者の眠っている時の姿勢と毎日の報告書を比べて，私は精神的な態度は両方の生活様式，すなわち，睡眠時も覚醒時も一貫して表現されているという結論に達した」(Adler, 1964; p.162)

　「睡眠と覚醒を理解するためには，心理学的にも生物学的にも，それらが矛盾した状態であるという考えを捨てなければならない」(前掲書，p.171)

　「われわれに特有な夢解釈の方法は覚醒時と睡眠時が統一したものであることを認めることに基づいている」(前掲書，p.173)

　「夢の中で行われる自己欺瞞は非常にしばしば覚醒時においても見ることができる」(前掲書，p.177)

　覚醒と睡眠，意識と無意識の違いはなく，自己欺瞞はどちらの状態においても起きているとされる。

　アドラーは歩き方，握手，電車内での居眠り姿勢，対人距離の取り方，寝相などについて解説している（前掲書，pp.160-163）。また，他の箇所でも同様に，立ち方，歩き方，動き方，意見の述べ方，対人距離などについても述べている(Adler, 1969; pp.79-85)。フロイトは言い間違いに無意識の働きを見出したが，アドラーもその人のあらゆる側面から力動を検出している。

　さらに，アドラーは，「臓器の機能はライフスタイルに支配されている。このことは特に肺，心臓，胃，排泄器官，性器に当てはまる。これらの機能の障害は人が目標を達成するために取っている方向を表現している。このような障害を私は『臓器言語』と呼んできた」(Adler, 1964; p.167)と，ライフスタイルに関連させて，心身医学につながる知見を述べている。

究極目標による見立て

　アドラー心理学は目的論に基づき，人は何かしらの目標に向かっていると考える。しかし，目標といっても，今日の食事という小目標，今年の課題という中目標，老後の生活という長期目標などさま

ざまである。一見ばらばらで大小さまざまなこれらに目標も，ライフスタイルという視点から束ねてみると，**唯一の目標に収斂してい**く。それは「究極目標」と呼ばれている。

ライフスタイルが狙っている究極目標を炙り出すには，「それでどうしたいのか」という質問を執拗に繰り返すに限る。例えば，「大学に入りたい」というのなら，それでどうしたいのかと尋ね，それに対して「仕事をしたいから」というなら，それでどうしたいのかと尋ね，それに対して「お金持ちになりたい」というのなら，それでどうしたいのかと重層的に埋もれている最奥のマトリョーシカまで問い詰めていくと，より抽象的で純度の高い安楽，優越，刺激などの究極目標が顔を覗かせる。

アドラー自身には究極目標という考えはなく，「支配型」「欲張り型」「回避型」「社会有益型」を便宜的にあげているのだが，後にケファーが最優先目標として「安楽型」「喜ばせ型」「コントロール（支配）型」「優越型」の4タイプを提唱している（梶野，2015; pp.66-67）。向後もそれに準じて「安楽でいたい」「好かれたい」「リーダーでいたい」「優秀でありたい」の4つを紹介し，それらを判別する簡単な自己評定を紹介している（向後，2015; p.60）。

著者は大学生に特殊診断質問（後述）をヒントに究極目標を記述してもらった。それらを分類してまとめたのが以下のものである。

支配／優越　　　　人を思い通りにする／統制／人より優れたい
服従／依存／寄生　頼る／従う／取る／寄生する
奉公／喜ばせ／承認　機嫌を取る／仕える／認められる
貢献／協力／所属　有益／役立つ／皆といるのが幸せ／居場所がある
刺激／貪欲　　　　刺激を求める／物を集める
安楽／安全　　　　居心地良い／危険を避ける／安心
回避　　　　　　　避けたい／逃げたい／関わらない

これらは支配，服従，奉公，貢献という形で人間関係を展開するタイプと，刺激，安楽，回避のように自分の欲求を追求するタイプに大別できる。アドラー心理学的価値観からすると，支配，服従，奉

公はあまり健全ではなく,刺激,安楽,回避は行き過ぎると共同体感覚から逸脱してしまうものである。前者は人を巻き込み,後者は人に迷惑をかける可能性があるものである。実際には混在タイプもある。自分の究極目標がどれかを考えてみていただきたい。

ライフスタイルの３つの構成要素からの見立て

ライフスタイルは「自己概念」「世界像」「自己理想」という３つの記述から構成されると言われる。この３つを合わせたものは「基本的信念」と呼ばれるライフスタイルの核となるものである。「このような世界において自分はこのような存在なのだが,このように生きることを願っている」というふうに,「世界状況」「自己存在」「人生目標」がセットになった人生観である。この３つとは以下のような認知や信念やイメージである。

①自己概念：「私は〜である」という自己像,自己評価,自己定義など自分についての認知。
②世界像：「世界は〜である」という世界,社会,周囲,人生など外的世界をどのように思っているかについての認知。
③自己理想：「私は〜でありたい／〜であるべきだ」という自分が描いている理想や目標についての認知。

例えば,「①私は弱く,②世界は危険に満ちているので,③私は小さく目立たないように生きたい」とか,「①私は強さと誇りをもっているが,②人々はそれを打ち負かそうとしてくるので,③私はひたすらそれと戦わないとならない」などである。

この３つの構成要素はクライエントとの面談や早期回想などを通して,セラピストが作る見立てである。また,そこで終わらずに,クライエントの意見も取り入れながら共同で構成していく。これはセラピストの一方的な見立てではなく,クライエント参加型の見立てである。

だから,この３要素をダイレクトにクライエントに尋ねてみるこ

ともできる。質問がやや唐突に感じられるかもしれないが，以下のように問うことができる。

①「自分はどんな存在だと思いますか」
②「この世界はどのようなものだと思われますか」
③「自分にとっての理想は何ですか。自分は理想としてどうありたいと思いますか」

　この3つの質問それぞれについてディスカッションしながら，完成文を作っていく。クライエント自身のライフスタイルだから，クライエントに聞くのが確かである。話し合いながら作成することで，クライエントの出したものと，こちらが考えたものが合成されていく。こちらの解釈を先に提示すると相手は専門家がそう言うならと流されてしまう可能性があるので，まず初めにクライエントから意見を出してもらうようにするのがいい。

　このライフスタイルの定型文の作成のタイミングは，主訴の扱いを経てラポールができ，家族布置や早期回想などの査定資料がある程度集まり，見立てについての当たりがつけられるようになってからするのがいいだろう。

3つの構成要素についての会話

　この3つの構成要素を用いた会話を記す。

Th：心理分析のまとめとして，ちょっと抽象的なんですが，3つうかがいたいのですが，よろしいでしょうか。まず，自分はこの社会においてどんな存在だと思いますか。
Cl：そうですねぇ，何か無力で小さい存在で，水が石を削るようなことしかできていないようで……。
Th：なるほど，でも，先日の昔の思い出（早期回想）ではとても勇敢なあなたがいたように感じたのですが，それは水であっても石を削っていくという努力を積み重ねる勇敢さなのではないかと思いました。だから，自分の存在とは「本当に微力ながらも，あきらめずに努力を重ねている」というように定義できないでしょうか。

Cl：そうですね，無力感は感じるのですが，あきらめてはだめだと思っているところはあります。
Th：では，2つ目ですが，この世界や社会はどのようなものだと思われますか。
Cl：うーん，これはいろいろと私の行く手を妨げるような星の巡り合わせで，前にもお話ししたように，占いでも親子関係と仕事関係にバツが出ているのです。だから，大変なんです。
Th：とすると，「自分の親や仕事などとの関係で難しい星が出ているので，世界はひどく生きづらい」という感じですか。（セラピストは肯定面が浮き出てくるようにあえて「ひどく」という否定語を強調した）
Cl：まあ，そうですが，そこまで世界が全部苦しいわけではなく，悪い星の出ている箇所に困難を感じています。
Th：ならば，「世界は悪い星の影響下にある部分においては困難をもたらす」という感じでしょうか。
Cl：そうですね。
Th：3つ目ですが，ご自身が目指している理想は何でしょうか，『巨人の星』みたいなものですが。（セラピストは「星」をアニメと結びつけて肯定的に用いて，悪い運命を示す「星」の意味を若干リフレームした）
Cl：巨人には入ろうとは思わなかったのですが（笑），さっきも言ったように，悪い星があったので，そこから少しでも逃げようとしてきたんです。
Th：それがあなたのサバイバルだったのですね。それはどこに向かって逃げようとしているのですか。
Cl：いや，何か面白いところですかね。ああいうわずらわしさのない。ひとりで好き勝手して楽しめるような一息つける所に逃げたかったですね。
Th：楽しめるのと，一息つけるではどちらがより重要ですか。
Cl：楽しめるほうですね。自分にわりとそういうところもあったことを思い出しました。
Th：うん，よかったですね。ならば，「自分が楽しめる世界に逃げて行きたい」というのはどうでしょう。
Cl：逃げていたいというよりは住んでいたいというのが実感ですね。
Th：なるほど，では3つのお答え全部をつなげると，「自分は本当に微力

なのに、世界は悪い星の影響下にある部分においては困難をもたらしてくる。けれども、あきらめずに努力を重ねて楽しめる世界に住んでいたい」となります。どうでしょう。ぴったりきますか。
Cl：うん、そうですね。後ろ向きに逃げているように感じていたんですが、しょうがなかったんですね。
Th：ええ、後ろ向きというよりは、悪い星から離れようとしていたのではないでしょうか。どんな星が出ていても、それをどうするかは、その人次第ですから。そして、あなたは自分の特別な星が出るのを探している。まあ、探すしかないですよね。そこらあたりを今後考えていってはどうでしょうか。

　ご覧のように、①「無力だが諦めずに努力する」という自己像、②「世界は部分的に困難をもたらす」という世界像、③「楽しみたい」という理想像が描かれた。そのことを通して、クライエントは自分が逃げてきたのではなくて困難に対処してきたというふうに人生の意味づけをリフレーミングしている。このような解釈は自己理解を促すためそのままクライエントに伝えられている。

特殊診断質問からの見立て
　ライフスタイルを明らかにするために考案された「**特殊診断質問**」というものがある。ここにはアドラー心理学のユニークさが表われている。
　前述のライフスタイルの3つの構成要素をさらに具体的に浮かび上がらせる質問を中心として、以下のようなものがある（現代アドラー心理学研究会、1986; pp.89-90 を改変して引用）。

①自己概念に関する質問
あなた自身に点数をつけるとしたら何点ですか。
あなたの生活能力に点数をつけるとしたら何点ですか。
あなたは自分のことがどれくらい好きですか。
あなたの長所は何ですか、また、欠点は何ですか。

②世界像に関する質問
この世界の住み心地の良さは何点ですか。
あなたは人に重要な仕事をどの程度まかせるかことができますか。
あなたの運の強さは何点ですか。

③自己理想に関する質問
死んで,人間以外の動物や植物に生まれ変わるとしたら,何になりたいですか。それはなぜですか。
子ども時代に,大人になったら何になろうと思っていましたか。
魔法使いが現われて,どんな願いでも3つだけ叶えてやると言ったとしたら,何を頼みますか。
あなたが幸福になるための条件を3つ教えてください。

④問題行動に関する質問
今,突然,問題が解決したとしたら(病気が治ったとしたら),何をしますか。
問題が起こったので(病気になったので),できなくなったことは何ですか。

　若干,解説を加えると,①と②では,現在ブリーフセラピーでよく用いられているスケーリング(自己採点)が用いられている。①は自尊心,自己効力感などの自己認知,②は社会認知および信頼感についてであり,③は現実から離れた想像の世界に引き入れて,現実の足かせを緩めた上で理想について尋ねる質問である。④は解決志向のミラクル・クエスチョンとそっくりであるが,質問の趣旨は「解決イメージ」を構築することではなく,本人の目的を仮想世界においてあぶり出すことである。
　どれもライフスタイルを引き出してくれる極上の質問である。筆者は特に③の質問群をアレンジしてよく用いている。それらは面接に楽しい雰囲気をもたらしてくれる。

　筆者が現在よく用いている質問セットは以下のようなものである。

（　）内は質問の略称。他にもこの質問群のバリエーションは可能である。

Q1　（動物）動物になれるとしたら，何がいいですか。その理由は何ですか。
Q2　（人生リセット）人生をもう一度最初からいかようにでも送れるとしたら，どのような人生にしたいですか。その理由は何ですか。
Q3　（3願）もしも天使が来て，何でも願いを3つかなえてあげると言われたら，何を願いますか。その理由は何ですか。
Q4　（3除）もしも魔法使いが来て，あなたの人生から何でも3つ消してやると言われたら，何をなかったことにしますか。その理由は何ですか。

　Q1とQ2はほぼ同じものなので，どちらか一方でもいいが，あえて同じような質問を繰り返すことで，より考察が深まることもある。子どもはこの動物質問を面白がってくれる。
　Q3とQ4も同じような願望を得ることと，失うことの表裏から尋ねるものである。Q3だけでもいいが，Q4は障害をなくしてほしいという比較的現実的な答えが多く出る。
　どの答えに対しても，その理由まできっちり尋ねる必要がある。「猫になりたい」という答え一つ取っても，その理由は「かわいくなりたいから（かわいさ）」「かわいがられたいから（被愛）」「気ままに生きたいから（自由）」などさまざまだからだ。

ライフスタイル類型からの見立て

　一人一人のライフスタイルはユニークで同じものはない。だが，似たようなライフスタイルはあるし，便宜的にも説明上も類型があると便利なので，ライフスタイルの類型化が試みられてきた。前出の最優先目標もある種の類型であるが，ここでの類型はライフスタイルの「役割」に重きを置いている。先の3つの構成要素による定型文が，その人の主観や認知に基づくものであるのに対して，この役割の類型は，その人の行動や対人関係を記述するものである。人は類型にぴったり当てはまるわけではないし，他にもいろいろな類型

がありうることをご承知いただいた上で,代表例を挙げておく(鈴木ほか,2015; pp.92-94)。

ゲッター getter(欲張り):「自分ではできないが,人は私に仕えるべきである」という自己理想なので,強欲で奉仕させて搾取するタイプ。

ベイビー baby(赤ちゃん):「私は何もできないので,人から保護してもらいたい」。アピールによって人からの世話を引き寄せる。ゲッターのようにワンアップではなくワンダウン。神経症に多いとされる。

ドライバー driver(機関車):「私は優秀であるが,人生は競争なので,常に努力して優越していなくてはならない」。栄冠に向かって邁進する。心身症やうつ病になりやすいと言われる。

コントローラー controller(統制者):「世界は危険なので,私は失敗しないように完全に守っていかなければならない」。完璧主義のタイプ。強迫症と隣り合わせ。

ビクティム victim(犠牲者):「私は犠牲となって損をする運命にあるが,これは不当なことである」。被害者意識が強いタイプ。

エキサイトメント・シーカー excitement seeker(興奮探究者):「私はだめで人生は退屈だが,興奮しているときは楽しいので興奮を求めたい」。非行と躁病に多い。

プリーザー pleaser(喜ばせ屋):「弱い自分が人の中で生きていくには,人を喜ばせないといけない」。無理がたたってダウンすることが多い。

人物像がしっかり描かれており,ライフスタイルについて知るのにはとても参考になる類型である。

例えば,プリーザーは人前では愛想が良くて評判がいいが,強い者に擦り寄るおべっか使いになったり,無理をして人に合わせたりして,表向きの自分を演じるという矛盾を抱えることになるのが必定であるという予測をすることができる。また,クライエントとのやりとりにおいて,あなたはこういうタイプだからこうなのではないかと仮説を立てつつ,一緒にライフスタイルを考察していくには類型は便利である。

類型化は,ライフスタイルのシナリオをわざわざ作成しなくても

簡潔に示してくれる利点がある。先入観や型にはめてしまうという落とし穴に留意しつつ，目の前の事例に即して用いていきたい。

（4）見立ての実際

以上，アドラー心理学における見立ての手法を列挙してきたが，自分が使いやすいものから順不同で用いて構わない。すべての査定を用いなければならないわけではない。必要と状況に応じて適宜使えばいい。

共同体感覚は主訴や問題から推しはかり，ライフスタイルはクライエントにフィードバックして確認が取れればまずは良しとする。ライフスタイルをどの程度，細かく見ていくかは，状況やこちらの方針によるが，相手への負担を考えると，質問が細かければいいというものでもない。

インテーク面接のように，最初にすべての見立ての質問をしなくても，継続する面接の中で，見立ての質問を折に触れて追加していくと，セラピーに新たな糸口をもたらすきっかけとなることがある。

見立ての事例

では，長年の病気の症状について，まるでアドラー心理学のような説明をしてくれたクライエントの言葉を紹介したい。

Cl：（私は）病気と闘うタイプ。症状が悪くなることを望んでその心理状況を確認している。今日，自分も完成品だと直観した。でかいことを考えていたが，テーブルを囲んで話せれば良いと思うようになった。病気のゾーンにいたが健康なゾーンに移るようになった。
Th：一日のゾーンの割合は？
Cl：6対4。
Th：健康ゾーンにいるときの感じは？
Cl：何かやりたい。スポーツとか。病気の症状で自分を守っている。
Th：何を守っているのでしょうか。
Cl：わからない。
Th：でかいことをやろうと思わなければ強迫症状は出なくなるのでは。

Cl：わからない。焼き肉屋に例の女性たちと行ってみたくなった。症状は生まれつきだとわかってほっとした。病気のゾーンはかくれんぼしているようなもの。危ないから逃げている。生活に支障をきたしているが，症状があるから守られている。
Th：症状がなくても守られていればいいですね。
Cl：そのためにはたくましくならなければならない。子どもの頃のことがあるので。新聞とラジオ体操。
Th：病気に守られなくても健康でいられるようになってきている。
Cl：何でも病気にして逃げるのは卑怯ですよね。
Th：前回の（早期回想）ように支配階級になろうとすることをやめると症状がいらなくなるかも。
Cl：親父の頭と自分の頭が別れた。親父の頭がいいので，親父の頭だ，いいだろうと優越感に浸ってきた。俺の頭でいいんだぞと思うようになった。
Th：自分は自分の力で大丈夫だという感じがいいですね。
Cl：そうそう。円熟期に入った。前は人生はもっとあるはずだ，トップで入学した親父のようになるはずだと思っていた。

　クライエントは，世界が危ないからといって病気のゾーンに逃げているのは卑怯だと言っている。不安に勇気をもって対処することができず，病気のゾーンに隠れていることがわかってきている。一方，健康ゾーンにも姿を現わすようになったことも自覚しつつある。さらに，優秀な「父親の頭」という優越感に浸ることで，人生はこんなもんじゃない，もっと大物になるんだと「でかいこと」を夢想していたが，親父の頭と自分の頭が分離して，親父の子という優越感を使わなくても「俺の頭でいい」と思えるようになってきた。それは今のありのままで「完成品」や「円熟期」になれるという自分なりの完全性の追求への回答ではないかと思われる。病気や優越感の空想から脱する道筋がうかがえる。

見立ては資産活用のため

　アドラー心理学はクライエントの「資産 asset」を強調する。これ

はまさにブリーフセラピーで言われているところの「資源／リソース」である。アドラーは人の「劣等感」や「基本的誤り」などのネガティブなものばかりを見ていたわけではない。その人の資産を見つけ，それを活用しようという見立ての発想も持っていた。

なぜなら，「使用の心理学」を自称するアドラー心理学は，「すべての心理的かつ身体的な過程と特徴は自己に対する道具となる」（Ansbacher et al, 1956; p.204）ことを知っているので，とにかくセラピストはクライエントの**資産**が何とかうまく**使われ**ないだろうかと嘱望している。

しかも，その資産の使われ方は，遺伝でも環境でもない「個人の創造性という第三の要因」（前掲書，p.204）によるのだから，自由度があって希望が持てるのではないだろうか。

アドラーは「万事見方次第」をモットーとしていた（Ansbacher et al., 1964; pp.1-2）。人生をどのように意味づけするか，どのように人生を使用するか，結局，人生はその人次第なのである。

私たちセラピストも同様に，セラピーは万事見立て次第であり，万事関わり方次第なのだ。セラピストはクライエントの**資産運用**の**コンサルタント**という役まわりをいそしむべきであろう。

アドラー心理学の見立てはさまざまな問題のからくりを明かしてくれる。それは特殊で難解なものではなく，コモンセンス（共同体感覚）に基づく至極常識的な理解である。

文　　献

Adler, A. (1931) *What Life Should Mean to You*. Little, Brown.（岸見一郎訳（2010）人生の意味の心理学，上巻．アルテ．）

Adler, A. (1964; Original, 1929) *Problems of Neurosis: A Book of Case Histories*. Harper & Row.（岸見一郎訳（2014）人はなぜ神経症になるのか．アルテ．）

Adler, A. (1969; Original, 1928) *The Science of Living*. Doubleday Anchor Book.（岸見一郎訳（2012）個人心理学講義―生きることの科学．アルテ．）

Ansbacher, H. L. & Ansbacher, R. R. (1956) *The Individual Psychology of*

Alfred Adler. Harper Collins.
Dinemeyer, D. Jr., Sperry, L. (2000) *Adlerian Counseling and Psychotherapy: An Integrated, Individual Psychology Approach 3rd ed.* Prentice-Hall.
現代アドラー心理学研究会（1986）アドラー心理学教科書．ヒューマン・ギルド．
橋口誠志郎（2012）小学校（中・高学年）用共同体感覚尺度作成の試み―中核信念に焦点をあてて．学校メンタルヘルス，15(2); 286-291.
Hooper, A. & Holfrod, J. (1998) *Adler for Beginners.* Writers and Readers.（鈴木義也訳（2005）初めてのアドラー心理学．一光社．）
梶野真（2015）アドラー心理学を深く知る29のキーワード．祥伝社．
向後千春（2015）アドラー"実践"講義―幸せに生きる．技術評論社．
鈴木義也・八巻秀・深沢孝之（2015）アドラー臨床心理学入門．アルテ．
高坂康雅（2011）共同体感覚尺度の作成．教育心理学研究，59; 88-99.
高坂康雅（2014）小学生版共同体感覚尺度の作成．心理学研究，84(6); 596-604.

第3章へのコメント

Comment　　　　　　　　　　　　　　　　　深沢孝之

　まさに「全体論」らしく，見立てについて多岐にわたる視点や方法を解説していただきました。

　私も，「この人はどんな人なのだろうか」「こういう人にはどういうことがいいのだろうか」という問いに真正直に，わかりやすく，いろいろな立場の人（他職種，本人，家族など）に通じる言葉で表現できるのがアドラー心理学の見立てのよさだと常々思っていました。

　人間全体と人生全体を扱う，まさに「大風呂敷」がアドラー心理学です。違う立場からは違う意見もあるかもしれませんが，「細分化した心理学にはない人生についてのマクロな視点」が得られるのがいいところです。

　心理学を学ぶ動機や，学ぶ面白さは人それぞれだと思いますが，臨床心理学を選ぶ人の中には，科学とか研究の細かいあれこれより，ま

ず自分とは何か，自分がどう生きるべきかを知りたい，という人がいます。若い頃の私がそうでした。心理学実験・調査も行動分析学も楽しくて頭の体操にはなったし，精神分析学もユング心理学も興味深かったけれど，満足することはありませんでした。普通の心理学もいいけれど，もっと大きな枠組みで人間を，人生を見渡したい，そういう思いにアドラー心理学は応えてくれます。哲学者の岸見一郎先生のような方がアドラー心理学に深く関心を寄せるのも，「いかに生きるか」を単に答えを与えるだけでなく，原理的に考える道筋をアドラー心理学は与えてくれるからだと思います。

しかし「人生についてマクロな視点を与えてくれる」ことがよいといっても，別に甘い夢や希望だけをアドラー心理学は与えてくれるわけではないことを確認したいと思います。もしかしたら，世間には「アドラー心理学は明るいところしか見ない。表面的だ」という印象を持っている人がいるかもしれないからです。むしろアドラー心理学の見立ては，本章で繰り返し出ているように，その人の「自己欺瞞」をあらゆる回路から明らかにするものです。ただそれは，クライエントだから，病気だから，ということではなく，誰もが多かれ少なかれ持っているものです。私たちはみんな嘘つきです（笑）。そして「わかってしまえば，すっきりする」のです。すっきりすれば，何か新しい決断ができるかもしれません。ライフスタイル・アセスメントを「人生のお祓い」と私は最近，内心で呼んでいます。

Comment 　　　　　　　　　　　　　　　　　　　　　八巻　秀

この章で，鈴木先生は，アドラー心理学の理論に基づく「見立て」について，共同体感覚，ライフ・タスク，ライフスタイル，夢，身体など，多面的な観点から論じてくれましたが，読ませていただいて，あらためて心理臨床での幅広いアドラー的見立てができる良い道具を得られたのではないかと思いました。それら多面的な見立てに通底しているが，アドラー心理学的「力動」的観点なんですよね。

この論考を読む前に行われた「座談会」(第7章参照)では,私は「アドラー心理学」の理論を説明するにあたって,この「力動」という言葉は,あまりにもフロイト的な色彩が強い言葉ではないかというイメージがあって,正直これまでこの言葉を使うのを避けていました。しかしながら,座談会での話やこの論考をあらためて読ませていただいて,おかげさまで,だいぶ「力動」のイメージが変わってきました。

　エレンベルガーの『無意識の発見─力動的精神医学発展史(下)』(弘文堂)にアドラーの章があることを思い出し,あらためて読み返してみると,次のような文を見つけました。「力動的精神医学体系は二群に分かれる。第一群はジャネの体系とアドラーの体系が入る。(中略)アドラーが自分の器官劣等性体験を活用したとしても,二人(ジャネとアドラー)の主な発見は,客観的臨床研究を手段として得られたものである。第二群にはフロイト,ユングの体系が入る。この場合,基本的なよりどころは彼らの内面に発するものである。すなわちその起源は創造の病いの体験にある」(p.560)

　このエレンベルガーの指摘のように,アドラー自身のくる病(筋肉痛,筋力低下,骨の痛みなどの症状)で苦しんだ経験から,アドラー心理学の始まりでもある「器官劣等性」の理論を生み出したそのプロセスは,内面(心)ではない,現実的な身体症状について,その「目的論」的な流れや意味を読み取ったもの,まさにアドラー的に「力動」を捉えた始まりなのだと想像しました。他者から見えない「心」を読むのではなく,目に見える「身体症状や対人関係」からその未来に向かう流れを読み取ろうとすること,これがアドラー的「力動」的観点による見立てなのですね。これは臨床で有効な観察眼につながる発想だと思いました。

　いや〜この章を読ませていただいて,個人的には「力動＝精神分析」という私自身の「基本的誤り」が修正されて良かったです。鈴木先生,ありがとうございます。

第4章

介 入

深沢孝之

（1）アドラー心理学における介入段階

　相互尊敬・相互信頼に基づいたセラピスト－クライエント関係を築き，見立ての段階を経ると次は「介入」，具体的な治療的関わりの段階になる。臨床的立場によっては介入という言葉に抵抗感のある人もいるかもしれないが，セラピストとクライエントの相互作用によって変化が起こり始める時期といってもいい。段階というとデジタルなイメージだが，それまでのプロセス自体がクライエントに治療的で，変化は連続的に起こっているということもあり得る。

　また，面接を重ねてそこまで進むというだけでなく，1回の面接の中でも関係作り，見立て，介入のサイクルが循環するという面もある。さらに1回の介入で終わりではなく，クライエントのフィードバックを得ながら，見立ての修正，介入方法の再検討，実行というようなサイクルを，面接を重ねながら続けることもある。

　アドラー心理学では，この段階を「再方向づけ reorientation」「再教育 reeducation」などと呼ぶ（Oberst & Stewart, 2003; Sweeny, 2009；野田，1988）。この段階の目的は，基本的には「ライフスタイルの解明と再方向付け」（鈴木ら，2015）であり，それに基づいた新しい認知・行動パターンの実験である。

　クライエントの表す「不適切な行動」（症状や問題行動など）は，クライエントのライフスタイルの反映であり，適切な行動を知らずに学んでこなかったためか，何らかの理由で「勇気がくじかれて」，自他にとって不適切，破壊的な行動を選択しているとアドラー心理

学では考える。したがって、クライエントには問題になっているライフスタイルを変える努力をしてもらえるよう、またはライフ・タスクに対する適切な行動を学んでもらえるよう、セラピストは考える必要がある。そのためにセラピストは、代替案になる考え方や行動をクライエントが見出し、選択できるようにいろいろと工夫を凝らす。

　もちろん、クライエントにセラピストの考え方を無理に押し付けるというわけではない。傾聴中心というか、ひたすら対話を重ねていき、特に助言や提案を行わない面接もある。助言、提案を行う時は、あくまで横の関係を意識した友好的な雰囲気の中で、クライエントと合意した治療目標に向かう範囲の中で、クライエントと話し合いながら進めていく。セラピストが代替案を提案することもあるし、クライエントから出してもらうこともある。理想的には、クライエントの中からアイデアを出してくれた方がその実行可能性が高まるし、効率が良いであろう。しかし中には自分一人だけではアイデアを出せない人もいる。その際は、セラピストがアドラー心理学に基づいた考え方を心理教育的に提案することもある。

　具体的な技法は、セラピストの習得してきたものを、クライエントのニーズに合わせて柔軟に展開していくので、多種多様である。その点で、アドラー派の治療風景は、折衷的であるとされ、セラピストによってその姿はかなり異なっているであろう。もし第三者がその様子をのぞいたら、同じアドラー派の人だとは見えないかもしれない。

（2）介入における基本姿勢

　心理療法が山場に入ったといえるこの段階だが、その成果はそれまでの関係作り、見立ての内容や質に大きく依存するであろう。前の段階が順調であれば、極端なことをいうと何をやってもうまくいくかもしれない。逆に前述のとおり、介入的関わりをしてみることで、改めてそれまでの関係性や見立てがどうだったかのフィードバックを受けて、考え直さなければならないこともあり得る。本章で

は，アドラー心理学ではこの段階においてセラピストはどうあるべきと考えているか，技法とともに私見を交えて紹介したい。

アメリカのアドラー派の重鎮，モサックらはセラピーにおいて，「戦略 strategy」と「戦術 tactics」を区別することを主張している（Mosak & Maniacci, 1998）。戦略とは臨床心理学各学派の理論や思想である。精神分析学，認知行動療法，アドラー心理学等々，各アプローチには共通要因もあるが独自の理論や思想がある。戦略には学派独自の人間観や病理観，治療観等に基づいた理論や治癒イメージ（どういう状態が治った，よくなったと言えるのか）が含まれる。

だがセラピスト志望の学生たちがそれらを学校で学んだからといって，即，十分な治療者になれるわけではない。現場でどう振る舞うか，クライエントを目の前にしたときにどのように発想し行動し発言するべきか，この場面で適切な技法は何か，これらを判断することは戦略とは別次元の話である。それらは戦術であるとモサックは言う。いわゆる技法であるが，それを実行する時のコツ，ちょっとした考え方や動き方，配慮のようなものも含まれると筆者は考えている。

しかし大学院などのセラピスト養成課程では戦略の教育は相当されているが，戦術の教育が十分になされているだろうか，とモサックは問う。確かに心理学の理論や心理テストの勉強はいっぱいしたけれど，現場に入ったらどう動いていいかわからなかった，というセラピスト（新人，経験者問わず）の悩みを聞くことが筆者にもある。机上では学べない，現場だからこそ学べることがあるのは事実であるが，それをどう言語化し次世代に伝えるかということも重要であろう。それが本書のテーマであるセラピストの基本姿勢であり，それは第2章で「臨床思想」として概念化されたものであり，その現象としては戦術的な，セラピストのその場に即した技法選択や，それを使う時の配慮やコツとして現れると考えられる。

そこで，モサックらが説く心理療法の戦術を実践するために必要な姿勢の一部を，筆者の解釈を入れて紹介する。

1）戦術は治療ではない

　カウンセリング・心理療法の戦術は現在数多くあり，これからもたくさん開発されるであろうが，**戦術そのものは治療ではない**。単なる選択肢であり，セラピストとクライエントを前に進める媒体に過ぎない。アドラー心理学では伝統的に面接の中でユーモアやジョークを言ったりして，面白味のある雰囲気を作ることを大事にするところがある。しかし，うつ病の人をジョークで笑わせたからといって，うつ病が治るわけではない。しかしそのことで面接が多少でも前に進む感じが持てるようになることが重要である。

　戦術を使用するには，当然タイミングを見極めることが肝要である。デリケートで不安の強いクライエントに，いきなり不安を喚起するような技法は無理であろうし，早過ぎる解釈はクライエントの心に届かない。武術や伝統芸能における，「間合い」とか「機」といわれるものが臨床現場にもある。

2）常に動いていること

　面接やセラピーの途中でセラピストが行き詰まりを感じて，どうしていいかわからずに頭の働きが止まってしまったように感じられたことはないだろうか。こちらの思惑通りにクライエントが反応してくれない，「正しい答え」が返ってこない，予想外の反論や反発を受けたりするとセラピストに戸惑いが生じる。そうならないようにと，セラピストがクライエントのどのようなものでも受け入れようと最大限受容的な姿勢でいたとしても，クライエントは受容とは別の姿勢をセラピストに要求しているかもしれない（聴いているだけでなく指示してほしい時など）。

　モサックは第二次世界大戦中に海軍の柔術教官から教わった心構えが心理療法にも通じる教えであると，次のような思い出を語っている（筆者の訳による）。

　　最初のレッスンの時，教官は言いました。
　「敵に捕まれたときの破り方を教える前に，君たちに知っておい

てもらいことがある。もし体を捕まれたら，体を揺らしたり，曲げたり，引っ張ったり，引っ掻いたり，肘打ちしたり，噛みついたりしなさい。つまり，いつも動き続けていること。動くのを止めた時，それは死を意味する」

これはまさに心理療法でも同じです。ある戦術や対応や解釈がうまくいかないなら，セラピストは別のやり方を探すべきです。そうすることで，セラピストには創造性が生まれます。セラピストとクライエント双方にとって，セラピーが前に進みます。なぜなら，セラピストが間の悪い感じや自分が傷ついたような感じがして不快になった時には，大抵セラピストはクライエントよりも自分自身の方に注意が向いてしまっているからです。それに気づけば，セラピストは目が外へ向いて，そして，どうしたらよいかわからなくても，何かできることが常にあるという考えになり，安心できるようになります。

もちろんこれは，セラピストは面接室で落ち着きなく体を動かしていろ，ということではない。**絶えず思考していること，質問の選択肢は常に多く持っておくこと，一つがダメでも落胆せずに次を探すこと，「ダメかもしれない」という否定的な考えに耽らず解決を探し続けること**，といった教えと考えられる。

そしてセラピストもクライエントも，多少の失敗があっても意外とけっこうタフな存在であることを信じ，めげずに，「何とかその場を生き延びる」ことを目指すのである。モサックはクライエントもセラピストも，とにかく生き延びよう（You will survive!），と励ましている。

3）心地よい気分でやること

面接中，ある戦術を使う時は，セラピストはリラックスして心地よい気分でいるべきである。セラピストの緊張や不安はクライエントに伝わってしまうものである。もしある戦術を使ってみてセラピストに違和感があるなら，それはもうその場では使わないことであ

る。

　戦術はセラピストがその力を信じ，自分を信じているときに最も効果的になる。特に自分に自信を持つことが最も重要である。どのような一般性のある理論（戦略）や技法を学んでも，それを使う際には自分自身に合ったユニークな応用の表現にならざるを得ない。自分に自信を持って，自分のスタイルに合わせることができれば，その効果はさらに高まるだろう。

　筆者も面接中でも心地よく，リラックスしていられると不意に予定していたのと別の技法やアイデアが浮かんでくることがある。そういう時はそちらを採用するとうまくいくことが多い。

（3）介入の技法

　アドラー派のテキストを見ると，介入の技法が多数並べられている。それらは大きく分けて，アドラーの時代から使われているもの（早期回想など），アドラーの後継者たちが開発したもの（不適切な行動の目標など），他派や他のアプローチから入ったもの（ロールプレイや認知療法の技法など）とあるようである。ここではすべてを紹介することはできないので，最初の2つのアドラー心理学由来のもので，筆者が関心を持ったものをいくつか取り上げる。

1）ライフスタイル・アセスメントの解釈投与

　ライフスタイルは，第3章で説明したライフスタイル・アセスメントにより明らかにされたクライエント自身の基本的な自己像，他者像，自己理想等である。それをセラピストは解釈し，クライエントが気づきや洞察に至るよう援助する。自分のライフスタイルを理解したクライエントは，自分が「どこから来て，どこへ向かっているのか」を知り，自分の生きづらさがどこに由来するのかを理解し（それは時間的・外的原因だけでなく，その人が決断した目的である），新しい行動に挑戦することへの動機づけや勇気が高まるかもしれない。

事例

うつ病で休職中の男性が筆者によるライフスタイル・アセスメントを受けた（深沢, 2016）。ライフスタイル・アセスメントを行い, 家族布置や早期回想などからの情報を整理し, 筆者はクライエントと解釈を検討しながらその結果をホワイトボードに書き出した。

自己概念：「私は初めてのことには不安, 恐怖を感じる」「今の自分は嫌われる」「一人にさせられると不安になり, 失敗しやすい」「衝動的行為をする人が苦手」
世界像：「自分を受け入れてくれる人がいる」「重要な人は自分を嫌う」「人は衝動的行動をすると罰が下る」
自己理想：「自分が役立っていると人に思われたい」「責任は果たさなければならない」「自分をコントロールしなくてはいけない」「自分のペースで生きたい」

クライエントはこれを見て身を乗り出し, 表情が変わった。「すごく面白いです。思い出（早期回想）という根拠があるのでわかりやすいです。霧の中を歩いたのが晴れた感じがします」と感想を述べてくれた。自分の認知の基本的傾向が, 腑に落ちる感覚とともに納得されたようであった。それからのカウンセリングは, 復職に向かってどうやってそれを変えていくかという話に進んだ。

この結果だけを示すと, どうしてクライエントが深く納得したのか伝わりにくいかもしれないが, 筆者の経験では, 多くのクライエントがライフスタイルを解明するプロセスとその結果を興味深く感じてくれる。早期回想というその人の個々の思い出からその人の人生全般のある結論を見出すことが興味深く感じられるのかもしれない。その結果, クライエントとセラピストの治療関係が強化される感触が筆者にはある。アドラー的臨床の醍醐味といえるところである。もちろん, 必ずしもすべての人がそこからスムーズに変わるわけではないが, 自らの思考・行動・感情を客観視することは変化の重要なきっかけになり得る。

アドラー心理学の世界で古くからある言葉で, このような自己洞

察に導くことを,「クライエントのスープに唾を吐く」という, 何やらあまりきれいとはいえないたとえで表されている(Sweeny, 2009; Guttenberg, 2011)。

 自分が飲んでいるスープに人の唾が入るのを見ると, たとえその味が変わらないとしても, もう美味しいとは思えなくなる。セラピストによって一度自分の不適切な行動（症状や問題行動）の目標や生き方の癖（ライフスタイル）に気づいてしまうと, たとえそれを続けたとしても, もうそれは美味しいとは感じなくなり, 飲む気（続ける気）も失せるかもしれない。他にはないちょっと過激なたとえである。

2) 宿題を出す

 クライエントの新しい認知・行動パターンの獲得を目指して, アドレリアン・カウンセリングではよく宿題が出される（Sweeny, 2009）。面接の中の気づきだけで完結させず, それを生活の中で実践し, 般化を試み, 結果のフィードバックを得たいからである。その具体的内容は, 治療目標やその人の課題となっているライフスタイルやライフ・タスクによって多岐にわたる。葛藤場面や日常の対人関係のなかでの自己観察や他者観察のこともあるし, クライエントにとってやや困難なある行為を提案することもある。

 宿題として出すものは, **具体的であること**（例：毎朝窓の外を見て日の光を感じる），できれば**数値や頻度で表されるものであること**（例：眠る前に今日1日にあったよいことを3つ探す），「～しない」ではなく「～する」といった**肯定文で表される内容であること**（例：子どもを叱るなではなく, 子どもに怒りを感じたらその場を離れて, アドラー心理学の本を開く）などが望ましいとされる。

 筆者はブリーフセラピーや認知行動療法の技法をよく用いてきたが, 最近は気功法やゆる体操（高岡, 2015）などの心身の脱力感, リラクセーションを実感できるような簡単なエクササイズやマインドフルネス瞑想を面接で実習の上, 自宅で続けることをクライエントに勧めることがある。

3）課題の分離

『嫌われる勇気』（岸見・古賀, 2013）によって, アドラーの名とともに「課題の分離」という言葉が巷に知られるようになった。相手からの評価を気にせず, 自分は自分の課題に専念する, そして自分は他者の課題に不当に介入しない, 他者が自分の課題に入ってくることは拒否する, こういう姿勢が堅持できれば対人関係の悩みはおそらく激減するであろう。実際, 臨床現場で見聞きする話は,「課題の混乱, 干渉」ばかりである。

しかし実際は, これを理解することと実行することの間にはなかなか難しい壁がある（とクライエントが感じる）のも事実であり,「わかっているけどできない」「アドラー心理学はわかりやすいけど難しい」という話が出てくるゆえんである。そのため, カウンセリングでは, クライエントが課題の分離を実践できるように援助することが多い。

やり方としては, 紙やホワイトボードに「自分の課題」「相手の課題」「共同の課題」といった枠の表を書いて, クライエントと相手役となっている人物それぞれの課題をクライエントと話し合いながら書き込んでいく。

「課題の分離」は子育て関係のカウンセリングで特に有用とよく聞く。確かに過保護, 過干渉な親や養育者に対して, 子どもへの過度な干渉や叱責などに一定のブレーキをかける効果がある。

もちろん子育ての問題だけでなく, 障害者やひきこもりの人への家族の関わり方, 職場の同僚や上司と部下とのコミュニケーション, 自傷やアディクション等々, 他者が自分の課題に踏み込んできたり, 他者の課題が気になって悩んでいる, といったさまざまなコミュニケーションの場面で適用できる。

「課題の分離」はクライエントの日常のコミュニケーションを振り返り, 整理するよい機会になる。しかし単に分離するだけが本技法の目標ではない。**クライエントが相手と「共同の課題」を作れるようになるまでいくのが望ましい。**それぞれの課題を尊重し合いながらも, 何かニーズを感じた側が協力を依頼して, 相手が同意した

ら「共同の課題」となって解決に向かっていく,そのようになることを本技法は目指している。アドラー心理学におけるカウンセリングの本来の目標は「人と人がすべての課題を協力的に解決できるようになること」だからである(鈴木ら,2015)。

また課題の分離はクライエントの人間関係だけが対象ではない。クライエントとセラピストとの課題の分離,セラピスト自身の課題の分離もあり得る。前者はセラピストとクライエント双方の責任や課題を明確にしてセラピストがクライエントの課題に過剰に踏み込まないことであり,いわゆる「巻き込まれ」を防ぐ意義がある。後者はセラピスト自身の持っている課題を意識することである。これらは治療関係を適切な距離,雰囲気にするためには必要な視点である。

4) 勇気づけ

勇気づけはアドラー心理学ではとても大切にしている考え方であり,技法とも姿勢ともいえ,介入でも中心軸となる。

介入段階では,クライエントは未知の,やったことのない新しい行動や考え方を試すことになるので当然不安になりやすく,実行するには勇気が要る。これはどのような学派のアプローチでも生じ得るクライエントの心の状態と思われるが,アドラー心理学ほど勇気に言及しているのはないのではないか。十分に練られたプログラムやプランにより,あたかも自然に,きれいな因果関係としてクライエントが治っていく(ように見える)のが,専門家たるセラピストの理想なのかもしれない。そう見えたら「科学的」と記述でき,評価されそうである。しかし,この段階では多かれ少なかれ,クライエントの心にはある種の飛躍,未知やリスクに挑む勇気の発揮があるのではないか。そこは大事にしたい。

勇気づけはある決まった技法ではなく,多義的で,思想的,価値的概念である。それでも日常生活での実践を目指すアドラー心理学は空理空論に終わることをよしとせず,勇気づけのための具体的方法も数多く提案してきている(岩井,2011など)。面接でもそれ

らを参照しながら使用していくことができる。しかし臨床場面では，必ずしもストレートな勇気づけが有効とは限らない。**間接的コンプリメントとしての「質問型勇気づけ」**（鈴木ら，2015）の発想も入れておきたい。

　勇気づけの考え方を導入することで，特に子育てや上司・部下のなどの相手への関わり方がテーマのカウンセリングにおいて，「ほめる／叱る」のどちらがいいか，のような二項対立にとらわれない方法を提案することができる。相手が自身の課題や困難を克服するのを支援するために，自分はどのような関わりがよいかを問い直す機会をクライエントに与えるのである。

　昨今スクールカウンセラーや臨床心理士のような人たちは，学校やいろいろな団体で授業や講演，研修をする機会が増えている。勇気づけの発想は一般の人に共感されやすく，筆者も教師向けの研修会や保護者向けの講演会，メンタルヘルス関連の研修会でよく紹介して好評を得ている。

5）as if テクニック

　アドラーは，当時の哲学者ハンス・ファイフィンガーの「かのようにの哲学 as if Philosophy」に刺激を受けて，自らの心理学の理論的基盤にしたという。「かのようにの哲学」とは，「人は，人生を通り抜けやすくするために『虚構』というものを創り上げた」とするもので，アドラーはそこから，私たちはみんな，自分なりのものの見方を創って世界を意味づけており，しかもそれを虚構だと気づかず真実だと思い込んでいると考えた（Mosak & Maniacci, 1999）。この虚構にしたがって人は行動し，期待に添うように他者を動かし，人生を創り上げていく。この考え方は現在，「認知論」とか「現象学」「仮想論」と訳されているアドラー心理学の基礎理論のひとつとなっている。

　我々はみんな，それなりの虚構の世界を持っているが，クライエントの多くはそれが極端だったり偏っていたりする。過度の一般化（すべての人が私を嫌っている）や不適切な目標設定（常に一番にな

らなくてはいけない）など，その人を生きづらくするいくつかの認知が推定できる。この辺りの分析や分類は認知行動療法が徹底していてすぐれている。

アドラー心理学の治療においては，ライフスタイル・アセスメントなどを通してこの虚構に気づき，**あるがままに受け入れるという方向**と，より建設的で，共同体に対して貢献的な行動につながるような**「新たなる虚構」を創り上げるという方向**が考えられる。

前者はライフスタイル・アセスメントで自らの虚構の世界を吟味して気づきを深めることがあるが，瞑想などでメタ認知的にそれを見つめるという方法もある。後者としては，どうせ人は虚構の世界を創り上げるのが避けられないなら，クライエントにとってより良い意味づけの虚構を創り上げようと進むことになる。「アドラー心理学的見方」「アドラー心理学的生き方」とでもいえるものを提案することかもしれない。

「as if テクニック」としては，カウンセリングで，クライエントが解決のためにやってみたい行動，モデルとなりそうな人物が出てきたら，それをイメージして演じてみることを勧める。「まるで～であるかのように」ふるまってみることをクライエントに提案する。そして，クライエントが問題についての信念や受け止め方を変えたり，具体的な行動によって，自尊心や自信，有能観が感じられるように配慮する。

方法としては，ロールプレイ，イメージ・トレーニング，催眠，宿題などがある。クライエントに勧める際には，ちょっとした実験精神と遊び心を強調する。クライエントにとって新しい行動をすることは勇気がいるので，セラピストは丁寧なプラン作りと勇気づけの必要がある。セラピストの腕の見せ所かもしれない。

6）メタファー，逸話

アドラー心理学の援助は心理教育的な面が強いが，必ずしも直接的にセラピストの考えを伝えるとは限らない。状況によっては間接的に示したほうがよいと判断されることもある。そのような時は，物

語や寓話，たとえ話などのメタファーを使うことができる。
　これはその問題や状況に関連したイメージを喚起するもので，クライエントが自分の状況や問題に気づいたり，セラピストが提案したい代替案を伝える時などに使われる。直接的な言い方ではクライエントにとって厳しすぎたりプレッシャーになってしまいそうな場合や，抵抗が予想されるときなどが使用によいタイミングかもしれない。
　内容はクライエントが自分を客観視でき，それでいて希望を持てるようなものが望ましい。アメリカのアドラー心理学のテキストには，童話や聖書などから引いた物語が紹介されているが，私たちには日本の文化やクライエントの世代に合った物語が必要であろう。
　内容は，困難や障害を克服した人物，ハッピーエンドのストーリーが選ばれやすいかもしれないが，あまりにクライエントの状況からかけ離れていたり，説教臭くなるのは避けたい。教師や家族がよく失敗するのは，クライエントの現状とかけ離れた物語やモデルを提示して,「おまえもああいうのを見習って頑張れ」的なメッセージになってしまうことである。
　逸話を話すときにはクライエントの反応を観察し，呼吸や動作に合わせながら語りかけていく。テーマに沿った含蓄のある話をするのは多少の経験がいるかもしれない。セラピストの日頃のネタの仕込みが大切である。筆者の見るところ，優れたセラピストはお得意のストーリーを持っているようである。それらをコレクションして，自分なりにアレンジして使っていきたい。
　そうすればクライエントや家族から,「このままではどうなるのでしょうか？」などと尋ねられた時，セラピストは,「こんな話がありましてね」とストーリーを語ることができる。もちろん個別の事例の話はできないが，いくつかの成功事例のエッセンスを抽出して，ストーリーを組み立てることはできるだろう。
　筆者は，思春期の子どもを持つ家族へのガイダンス，講演などでたとえ話として，よく牧場の風景を思い起こしてもらうことがある。広い牧場で牛や馬が草を食んでいる写真をプロジェクターにかけて

映し出すこともある。そして,「これからの皆さんの子育ては『放牧主義』でいきましょう」と提案する。「今までのような室内愛玩動物としてではなく,放牧です。ほったらかしの放任主義だとネグレクトになってしまいます。牧場にいる牛や馬たちには自由に過ごしてもらいましょう。でもちゃんと餌は与えましょう。肝心なのは牧場を巡る柵の広さ,高さ,頑丈さです。どんな柵がいいでしょうか。いろいろあっていいと思います。ただ,あまりに狭いと窮屈だし,あまりに広かったりゆるい柵だと彼らはいなくなってしまうかもしれません。中には柵を飛び出してケガをしたり,勝手に交尾を始める輩もいるかもしれませんね。それでもケガをしたり傷ついて帰ってきたら,やさしく迎えて休ませてあげてください」と言ったりする。親の過干渉を防ぐためのよいたとえになっているかわからないが,保護者たちは笑みを浮かべながら聴いてくれているようである。

　アドラー心理学の世界で以前から伝えられる寓話を一つ紹介する。「仙人(隠者)hermit」(Pancer, 1978; Guttenberg, 2011)という短い話だが,それを筆者の好みに意味づけしている。人になじめないとか,他者と常に距離を置きたい人とその周囲の人向けである(筆者の意訳よる)。

　　昔々ある村のはずれの山の洞窟に,一人の仙人が住んでいました。ある日,その村はひどい災害に遭い,かなりの被害を受けてしまいました。その辺りにはもう住めなくなったので,村人たちはみんなで別の場所に移って,新しい村を作って住み始めました。しばらくするとその仙人が,自分は別に被害を受けなかったのに,村人たちが作った新しい村のはずれの山の洞窟に移ってきて住み始めました。

どのような人も社会的存在であるという意味のお話であろうが,筆者はこれを,人には適当な,心地よい対人関係の距離がある,人々と共にいたいがあまりに近いのはきついと感じる人もいる,その距

離感は大事にしたい，それでも人々に貢献できることがあるはずだ，仙人は村人に占いをしたり，薬草を教えたり，何か役に立つことをしていたかもしれない，村人も変人の彼を大事にしていたかもしれない，という風に解している。

7）逆説的指示

　ある問題行動や症状に対して，常識的な助言とは反対のこと，その問題や症状自体をあえてすることを指示，暗示することを「逆説的指示 antisuggestion/paradoxical intention」と呼ばれる。クライエントが「何もしたくないんです」と言ってきたら，セラピストが「したくないことはしないでください」と返すようなことである。

　実はアドラー自身がこのタイプの助言を好んでいたそうである。またヴィクトール・フランクルはウィーン時代のアドラーと共にいた時期があり，その影響を受けてある程度体系化した（野田, 1988）。アドラー以外でも，ミルトン・エリクソンやその影響下にあったジェイ・ヘイリー，家族療法家たちも逆説的な方法を開発していたことはよく知られている。

　ただ筆者の印象に過ぎないが，最近の心理臨床界隈ではこの言い方はあまりされなくなってきたような気がする。もうセラピストの常識になったのか，何となくだますような感じがして昨今のインフォームドコンセント，コンプライアンス重視の風潮と合わないと感じられるからか，もっとよい説明方法が出てきたからか。しかしこれは，コミュニケーションというものが本来多義的，多次元的で，時に逆説的に現れることを気づかせてくれる大切な発想ではある。

　逆説的アプローチを使うには，その**面接の雰囲気が暖かく受容的でなければならず，症状と戦わない姿勢が必要である**（Mosak & Maniacci, 1998）。症状や問題それ自身が持っているパワー，クライエントの能力を信頼するからこそ使用できるといえる。クライエントの利益のために，共通の目標に向かって，ユーモアのある雰囲気で提案してみることが肝要であろう。

8）自然の結末・論理的結末

　アドラー心理学による子育て，教育の要となる考え方，技法だが，臨床においても使うことは可能である。人生や社会生活において必要な秩序を，責任をもって引き受ける態度を，体験や予測によって身につけることを目指す技法である。

　自然の結末とは，基本的にはこちらが介入しないで本人が自発的に行動したことの結末を体験してもらうことである。

　「自然の結末は，一番理解しやすい。手順とすれば，何もしないことである」（Manaster & Corsini, 1995）

　勉強しなければ成績が落ちる，夜更かしすれば朝寝坊して遅刻する，期日までに書類を出さないと受け付けてもらえない等々，世の中は体験で学ぶことに満ちている。もちろん，子どもが高いところに上っていて，落ちたら痛い目に遭えばいいと放っておくわけではない。その人にとって有害であったり致命的になり得ることには，親や支援者に防ぐ義務があるのは言うまでもない。それでも可能な範囲であれば，子どもにもクライエントにも我々にも，体験こそが最良の教師であるのは間違いない。

　論理的結末は，その行動の結末がどのようになるか一緒に考えることであり，その結果の責任を当人に負ってもらうことといえる。

　「論理的結末とは，もし他者が，明白な，あるいは暗黙の契約に即して，あることをするかしないかというときに，あなたが何をするかしないかである」というややわかりにくい定義がある（Manaster, & Corsini, 1982）。父子で，子どもが庭の掃除をしたら500円支払うことを決めたところ，結局子どもが掃除をしなかったら，その論理的帰結として父親は子どもに払わない。当たり前と思われるであろうが，日常でありそうなのは，ここで父親が怒りに任せて「人のあるべき姿」についていきなりお説教したり，体罰を加えたり，約束していなかったのにそれ以後はいくら掃除をしても何も与えない，などの復讐的態度に出る等である。これらは論理的対応とは言えない。

　論理的結末を使う時は，その当事者同士が，行為とその結果のつ

ながりが論理的である，関連がある，妥当であると合意していることが前提である。したがって親が妥当だと思っていても，子どもがそう思っていなければ論理的結末は成立せず，親がそれを強引に進めたら単なる罰になってしまうであろう。

そのように配慮がいろいろと必要であるが，社会の合理的な秩序，常識（コモン・センス）を学ぶには非常に重要な考え方であり，強力な方法である。適切に用いれば過保護，過干渉になりそうな関係や，思わずヒートアップしてしまう関係をクールに，建設的に変えることができるかもしれない。

しかし，論理的結末の実施には難しさがあると実践者からよく聞くのも事実である。学んでみて即うまく運用できるわけではなく，試行錯誤の時期があり，無自覚に適用してつい罰的になってしまうこともあろう。特に会う回数が限られている臨床場面では，クライエントをフォローする機会が十分にないことが心配になるかもしれない。

したがってアドレリアンの中にも，相手にネガティブな体験をさせ得る結末の技法は罰と受け取られかねないリスクがあるので，「解決志向」的態度を重視する考えもある（Nelsen, 2017）。「このままではどうなるか」よりも「どうしたらよくなるか」を一緒に考えていく姿勢である。筆者も重要な態度であると思う。特に親子のように距離が近くて感情的になりやすい関係では，こちらを優先したい。

しかしやや距離のあるセラピストとクライエントの関係なら，より冷静に結末についての話し合いができるかもしれない。

このような結末についての技法や考え方はある種の厳しさがあるので，セラピー文化においてよく聞かれる「癒し」や「抱えること」「寄り添う」「安心・安全」といったやさしげな言説と対立するように聞こえるかもしれないが，けしてそうではない。むしろ両立し，補完し合うものであり，クライエントが自立するための選択肢に入れておきたい。

9）コンフロンテーション

「コンフロンテーション confrontation」は正対，直面化などと訳され，セラピストの見立てや解釈，変化のための処方箋やアイデアをクライエントに提示することである。これまで述べてきたようなアドラー心理学の方法はどれも多かれ少なかれ正対的である。心の治療において，気づきや洞察がどの程度意味があるかは古くから議論があるようだが，クライエントと会話を進める中でセラピストの仮説を伝えて，共通理解を作ることはアプローチの違いを超えてよくあることと思われる。

特に多くの人は「過去の○○が悪いからこうなった」式の単純な原因論で問題を考えやすい。アドラー心理学はその反対の目的論の道を進むので，どこかで問題となっている心理・行動を定義し直す段階が入ることがある。別にアドラー心理学が正しくて原因論の見方が間違っているというわけではなく，クライエントに「改宗」を迫るのでもない。ただ，あなたのこの場合はこちらの見方の方が解決につながりやすく，生きやすくなるかもしれませんよ，と提案するだけである。もちろん，提案するこちら側は「いいものだ」と自信を持っている必要があるが。

その際セラピストは対決的にクライエントに挑むのではなく，クライエントの力を信頼しながら，こちらの仮説として出し，共通の理解を得，解決の物語を構築していく。それを「エレガントなコンフロンテーション」と呼ぶアドレリアンもいる（ペルグリーノ，2012）。

事例

イライラすると家の物を壊す小学4年生の子どもを母親は「理解できない」と怒り，毎日のように夫婦で夜遅くまで叱って「反省」させていた。母親は子どもの理解しがたい行動は発達の病気か障害に違いないと思って，相談機関に通った時期もあった。それらのエピソードをひとしきり聴いた後でセラピストは，「これまで何年もこのやり方でやってこられたわけですから，その熱心さはすごいと思いますが，効果はイマイチだったみたいですね」と言った。

「まあ，そうですね」と仕方ない感じで母親は応える。

セラピストは，他の兄弟に比べてどうしてもその子がかわいく感じられない母親の思いや，それにあえて反抗的な行動をする子どもの行動を確認したうえで，「もしかして，お子さんは，家の物を壊すことでお母さんに復讐をしているのかもしれませんね」と，復讐という言葉にやや力を込めて言った。

母親は一瞬ハッとした表情をして，体が少し動いた。彼女はその見方を認めた。

「それなら，今のやり方を続けていくと，お子さんはよくなっていくと思われますか」とセラピストは問いかけ，共通理解を進めていった。そして子どもが問題を起こしたときに子どもの目的に乗って感情的にならないこと，「どうして」と責めるより「どうしたら目の前のこれが解決するか」を考えてみるという提案をし，母親は乗ってくれた。

コンフロンテーションの具体的なポイントとしては例えば以下のものがある（Shulman, 1971）。

i．クライエントの主観的なものの見方：クライエントが気づいていない，あるいは気づきたくなさそうな感情や間違った考え方や態度，個人的な目標に対して行う。ライフスタイル・アセスメントの解釈を伝える場合があたる。

ii．クライエントが今ここでしている行動や問題となる行動：面接中にクライエントが無意識的にしている行動について，「それはどういうことですか？」と聞いてみる。「お話やあなたのご様子から，私には〜と感じるのですが」とセラピストの視点から浮かんだものを伝えることがある。

iii．代替案や未来の可能性について：解決に向かってクライエントに決断をうながしたり，方向性を決めるために直面化する。例：「この案とこの案が出ました。選択するのはあなたです。どちらにしますか？」「いつ頃このセラピーを終わればいいとお考えですか？」

結局コンフロンテーションの成否のカギを握るのは，やはりクラ

イエントへの信頼である。横の関係や相互尊敬・相互信頼の関係の上に立ってこそ，効果を発揮するのはいうまでもない。

（4）まとめ：他のアプローチのセラピストへ

アドラー心理学は理論（ものの見方）と思想（価値観）を重視する体系である。言い換えれば，それらは「こうすれば治る」といった科学的な治療プログラムや，「心の闇とは？　病理とは？」に対する深淵なる解釈を得るためのものではなく，まずは「**セラピストの課題**」**を明確にするもの**と筆者はとらえている。クライエントと仲良くなり，クライエントの出してきた問題をその人の目指しているものや現実の対人関係において考え（目的論や対人関係論），そしてどのような方向に向かえばよいか（共同体感覚），セラピストにできることは何か（勇気づけ）を一貫した思考，態度で実践するためのものである。

介入とは，それらを具体的に現象化することである。それが実現できそうならどのような技法でもよいし，各々のセラピストが身につけていて，心地よくやれるのであれば使ってみればよいと思う。現在ある心理臨床の技法の多くは，当然クライエントに対するさまざまな配慮の下に開発されてきたものであり，アドラー心理学の価値観にも合うものが多い。筆者もたくさんの理論や技法を学んできたが，違和感があるものの方が少なかった。

アドラー心理学は一見やけに道徳的な価値観を明言するので，窮屈な印象を持つ人がいるかもしれない。しかし，実際には未来志向で包括的な人間観に立っているので，セラピストはかなり自由に振る舞える。

ただ，筆者はアドラー心理学の世界観でクライエントや症状，問題を見ることに慣れてしまっているので，他派の人がアドラー心理学に近づくとどう見えるのか正直わからないところもある。

ここで筆者のささやかな体験を述べさせていただくと，筆者はアドラー心理学を学んでから心理臨床の現場に入ったので，普通の（あるいは最近の）「臨床心理士のなり方」と違うところがある。育ちが

違うというか,育ちが悪いというか。だから,駆け出しの頃,臨床心理士関連の学会や研修会に行くと違和感だらけであった。まるで話が合わない感じがしたものだ。だから身を小さくしていたものであるが(仲間もほとんどいなかったし),臨床経験も積んで次第にそういう場にも慣れてくると,「ここでいうこれはアドラー心理学でいうこれか」と言い換えができるようになったり,お互いの共通要因がわかってきたり,違いも客観的にとらえられるようになった。最初は反発していた学派もあったが,次第に相対化して見られるようになり,統合して考えることができるようになった気がする。最近のアドラー心理学の流行を心よく思っていない方々も,よく考えると「けっこうよいこと言っているよ」「これは使えるな」と気づいて,自らの認識の枠組みの中に取り込めるようになるかもしれないし,こちらとしてはそれを期待したい。

また,巷ではアドラー心理学は健康な人向けで,心を病む人には適さないといわれることがあるが,それは正確ではない。おそらくこれまでアドラー心理学に関心を持ち,実践したのは一般の人たちが多かったためかもしれない。文献からも,クライエントや拙監修書(深沢,2014)の読者で発達障害や統合失調症や依存症などの当事者から寄せられた感想を見ても,アドラー心理学は彼らの日常生活でけっこう役に立ってくれているようである。**病める人にも健やかなる人にも,大変使える心理学である。**目標追求性,劣等感,劣等コンプレックス,優越コンプレックスなどは誰にとっても実感があるであろうし,実際に病理的な行動の動機になっていることは否定できないと思われる。そして治癒とは,つまるところ共同体感覚の考えが示す方向にあることは多くの人に同意されるであろう。

ただ,病理自体を解釈して説明したいときや,心身の問題についてより詳細な理解をしたいときには,アドラー心理学だけでは不十分なこともある。エビデンスがあるとされる他のアプローチや最新の科学的知見を参照するべきであるのはいうまでもない。

文　　献

深沢孝之（2016）教師のメンタルヘルスのためのアドラー心理学．子どもの心と学校臨床，14; 34-44.

深沢孝之監修（2014）「ブレ」ない自分のつくり方．PHP 研究所．

Guttenberg, R. (2011) *'Funtastic' Adlerian Techniques for Change!!!* Library of Congress Control, pp.13-14, 143.

岩井俊憲（2011）勇気づけの心理学　相補・改訂版．金子書房．

岸見一郎・古賀健史（2013）嫌われる勇気．ダイヤモンド社．

Manaster, G. J. & Corsini, R. J. (1982) *Individual Psychology: Theory and Practice.* F. E. Peacock.（高尾利数・前田憲一訳（1995）現代アドラー心理学．下．春秋社，pp.152-155.）

Mosak, H. H. & Maniacci, M. P. (1998) *Tactics in Counseling and Psychotherapy.* Wadsworth/Thomson Learning, pp.1-12, 51-61.

Mosak, H. & Maniacci M. P. (1999) *A Primer of Adlerian Psychology.* Taylor and Fransis.（坂本玲子・キャラカー京子訳（2006）現代に生きるアドラー心理学―分析的認知行動心理学を学ぶ．一光社，p.58.）

Nelsen, J. (2017) *No More Logical Consequences (at least hardly ever) Focus on Solutions, Positive Discipline.* https://www.positivediscipline.com/articles/no-more-logical-consequences-least-hardly-ever-focus-solutions

野田俊作（1988）実践カウンセリング．ヒューマン・ギルド出版部, p.144, 194.

Oberst, U. E. & Stewart, E. S (2003) *Adlerian Psychotherapy.* Brunner-Routledge, phu79.

Pancer , K. R. (1978) The use of parables and fables in Adlerian Psychology. *The Individual Psychologist,* 15(4), 19-29. (Carlson, J. & Slavik, S. (1997) *Techniques in Adlerian Psychology.* Routledge, pp.131-142.)

ペルグリーノ，J（2012）アドラー派のカウンセリング／心理療法の技法．ヒューマン・ギルドワークショップ資料．

Shulman, B. H. (1977) Confrontation Techniques in Adlerian Psychology. *Journal of Individual Psychology,* 27(2). (Carlson, J. & Slavik, S. (1997) *Techniques in Adlerian Psychology.* Routledge, pp.111-119.)

鈴木義也・八巻秀・深沢孝之（2015）アドラー臨床心理学入門．アルテ，pp.24, 145-155, 135-144.

Sweeny, T. J. (2009) *Adlerian Counseling and Psychotherapy. 5th ed.* Routledge, pp.137, 141, 142.
高岡英夫（2015）脳と体の疲れを取って健康になる　決定版ゆる体操. PHP 研究所.

第4章へのコメント

Comment　　　　　　　　　　　　　　　　　　　　　　　鈴木義也

　深沢先生は第4章において，介入とは「ライフスタイルの解明と再方向付け」であるとし，セラピーにおける戦術の心構えと，各種の介入技法を紹介しています。再方向付けは「ライフスタイルを変える努力をしてもらえるよう，またはライフ・タスクに対する適切な行動を学んでもらえるよう」にすることだとも言えます。つまり，不適切な生き方を変えて，自分の課題に取り組もうということなのです。これは深遠な解釈や複雑なアルゴリズムを要せず，シンプルで分かりやすい方針なので，こちらもクライエントも取り組みやすいものです。

　介入技法としては，1）解釈投与，2）宿題，3）課題の分離，4）勇気づけ，5）as if，6）メタファー，7）逆説的支持，8）結末技法，9）直面化が紹介されています。これらの技法活用の「戦術」に共通するのは，技法という型を柔軟に適用していることです。状況に合わせて，時には柔らかく時には確固としたセラピストのwarm & farm な介入が成されていることが感じられます。アドラー心理学の「はえぬき」でありながらも，他のセラピーも幅広く吸収している深沢先生のきめ細やかな戦術が随所に見られます。技法の枠に人を無理やり合わせるのではなく，人に合わせて技法を用いるのは，技法を適用しやすくするためだけではなく，アドラー心理学の人間への尊敬の姿勢によるところもあるように思われます。

　第3章の「見立て」を筆者は担当したのですが，見立てと介入は表裏一体です。見立てが見立てだけに終わらず，介入と連動している

のがいいところです。さらに，早期回想や特殊診断質問などは，見立てについての質問が,同時に介入としても機能する「治療的質問」としても用いることができます。見立てと介入のフィードバックループが短いということは，クライエントにそれだけ早くフィットできるというメリットがあります。

　このようにアドラー心理学の臨床は，セラピストの「姿勢」を基礎としつつ,「見立て」と「介入」が連携していてやりやすいと言えます。人間を全体論で捉えるアドラー心理学は，セラピーも全体的なものとして用いようとします。セラピーが有機的だとクライエントの勇気も増すのです。

Comment　　　　　　　　　　　　　　　　　　八巻　秀

　「介入（技法）」は心理臨床における「華」のような部分ですよね。ブリーフセラピーなど現代のさまざまな心理臨床の流派では，多くのバラエティーな「華」があり，新しいものがどんどん開発されていますよね。それをも学び・使っているものとして，私自身はこの「華」の持つパワーとともに，何か物足りなさを感じていたのですが，深沢先生はしっかりその部分に関して，共同体感覚というアドラー心理学の臨床思想とさまざまな介入（技法）を結びつけて論考してくださいました。これこそがアドラー心理学の真骨頂ですよね～！

　「常に動いている」という部分を読んで連想したのは「ブリーフセラピーの中心哲学」と言われている一文，「もし，うまくいかないなら，二度と同じことをするな。何か違うことをせよ」でしょうか。こちらも常に動こうとしていますよね。この哲学を初めて知った時,すぐに「でも，じゃ～どんな違うことすれば良いの？」と考えたことを思い出します。ただ「動く」だけじゃ不安になる。でも，もしセラピストが「共同体感覚を育てていく」という前提の意識を持っていたならば，うまくいかない時に何か違う動きを始めるその方向は，間違いなく「共同体感覚を育む方向」に向かっていると信じて良いのではないでしょうか？　そう考えると，クライエントに対し

てだけでなく，セラピストも自らの判断を「信頼」する必要があるかもしれませんね。

「課題の分離」についても，深沢先生はしっかりと「共同の課題」まで言及してくださいました。世間で注目されている「課題の分離」は，まさに「自分と相手との課題を分ける（＝課題分け）」ことに終始していますが，課題についてともに話し合い，こちらも共同体感覚を駆使して，協力して課題に取り組む「共同の課題」という部分までしっかりと行うのが本来の「課題の分離」である，と強く強く世間に訴えたいですね〜！

「自然の結末」でも，クライエントの力 strength やリソース resources をセラピストが「信頼」しているからこそ，心から「クライエントに任せる」ことができるし，「論理的結末」でもクライエントの考える力・予想する力をやはり「信頼」しているからこそできると言って良いのではないでしょうか。

こう並べてみても，あらためてアドラー心理臨床においては，「介入技法」の段階であっても，その背景には必ず，「クライエントへの信頼を前提とした共同体感覚」が存在しているんですね。まさに「華（花）があるのは，茎や葉や根があるおかげ！」あるいは「共同体感覚なきところに，介入（技法）なし！」と言えるのではないでしょうか。

第5章

連　携

深沢孝之

（1）つながりの中で支援する

　カウンセリング，心理療法は面接室でクライエントに直接かかわることが当然中心になるが，クライエントを取り巻くネットワークに働きかけることもそれに劣らず重要である。その対象は，クライエントの属する家族や職場，学校，地域コミュニティーやそのメンバー，クライエントが利用している，あるいは利用するとよいと思われる公的，私的な外部機関など多岐にわたる。そのような活動を一般に連携とかコンサルテーション，コラボレーションなどといわれる。

　アドラー心理学は「すべての心の問題は人間関係である」という対人関係論の立場に立つので，クライエントの現実の人間関係がどのように動いているかを理解しようとし，そこに変化を起こすことを自然に考えるようになる。

　ここでは，個別であれ複数であれ，困っている人（クライエント）を目の前にして面接で直接的に関わることをカウンセリングや心理療法，クライエントの属するネットワークの方に働きかけることをケースワークと呼ぶ。援助者は通常，そのどちらかに重心を置いた立場に職制上はなることが多い（心理士とソーシャルワーカーなど）が，時にはその役割を両方こなさなければならない場合もあり得る。

　その過程で，セラピストはクライエントを通して家族や誰か第三者の協力や来室を依頼したり，外部機関との連携を提案することが

ある。場合によってはクライエントの同意を得て、援助者が直接それらの人たちに連絡して一緒に動くこともあり得る。

アドラー心理学では、症状や問題となっている行動は真空の中で起きているはずはなく、必ずその行動の「相手役」になっている人がいるはずと考えるので、クライエントとの対話では、できるだけそれを明確にしようとする。そしてクライエントのためになるなら使えるもの、使える人は利用したい。

ただ、セラピストが活動している現場や領域によって、その具体的なあり方には違いがあるかもしれない。筆者の経験では、福祉領域では心理的支援の開始時期にすでにクライエントは他の機関とつながっていたり、あるいはこれからつなげていこうと積極的な動きが強い。そうしなければケースが進まないからであろう。病院などの医療機関でも外部との連携はもちろんあるが、組織が大きければ大きいほど、内部の各セクションとの連携も必須である。スクールカウンセリングでも直接子どもや保護者に対するだけでなく、教員や管理職との連携が日常業務であろうし、外部との連携も欠かせない。今や心理療法がクライエントとセラピストの二者関係だけで完結することの方が、むしろまれであろう。

そのような現場では、アドラー心理学は内面や認知を扱うだけでなく、他者との関係性を重視し、コミュニケーションを開いていく特質があるので、使いやすいと筆者は考えている。

本章では連携について、アドラー心理学に基づくコンサルテーションなどを紹介しながら、筆者の私見を交えて考えたい。

（2）アドレリアン・コンサルテーション

アメリカでは、アドラー心理学によるコンサルテーションのモデルはかなり以前から提案されており、ディンクマイヤーらの学校コンサルテーションのテキストは 1973 年から 4 版を重ねている。ここではアドラー派によるコンサルテーションのテキスト（Dinkmeyer & Carlson, 2015; Brigman et al., 2005; 鈴木ら，2015; 浅井，2015）などを参考に、コンサルテーションの要訣を簡単に述

べたい。テキストの内容や筆者の経験上，主にスクールカウンセリングをベースにしているが，他の領域にも援用できると思う。

1）コンサルテーションとは

コンサルテーションは三つ組の関係である。コンサルタント（スクールカウンセラーなど）とコンサルティ（教師，保護者，管理職など），そしてコンサルティが問題としている対象者（子ども，スタッフ，保護者（教師がコンサルティの場合））の関係である。

通常最初の面接でコンサルティは問題を持ってコンサルタントのところへやってくる。コンサルティが教師であれば，ある子どもの困った行動かもしれないし，心配な家庭への関わり方かもしれない。管理職であれば最近元気のない職員への対応法かもしれない。

しかしコンサルタントは問題解決自体を担当するわけではない。教師が子どもを治してほしくてコンサルタントのところに子どもを送り込むのは，コンサルテーションではなく，カウンセリングになる（その子どもが望めばだが）。

コンサルテーションは，「コンサルティとの対等で一時的な業務援助」である（鈴木，2015）。コンサルタントが，コンサルティの業務上生じた問題や困難を対等な関係の下，対話によって援助することである。教師が担任する子どもの問題行動の対処法について相談する状況などが相当する。

カウンセリングは「継続的で私的問題」を扱うといえる。どうしてもある生徒に感情的になってしまう教師の個人的な性格傾向について，あるいは教師としてのキャリア，教師として以外の個人的な問題などについて考えていく場合などがある。

実際には，コンサルテーションに前後して，コンサルタント自身が直接コンサルティが心配している対象者に関わる場合もある。スクールカウンセラーが子どもにすでに会っていて，その後で担任教師に助言をする場合などである。このような状況はコラボレーションと呼ぶこともできる。

時にはコンサルテーションとカウンセリングとコラボレーション

の境があいまいになることもあるであろう。通常コンサルテーションでは対象者に会うことはないとされるが、コラボレーションとして直接クライエントに会っておいた方が、あるいは観察した方が、コンサルタントは下手な想像をするよりクライエントのイメージがわいて、よいアイデアが浮かびやすい場合もある。

　アドラー心理学によるコンサルテーションには、4つの基準がある（Dinkmeyer & Carlson, 2015）。

ⅰ．問題に対する情報や観察結果、そして関心がコンサルタントとコンサルティの間で共有されていること。
ⅱ．その状況を査定するための暫定仮説を作り上げること。
ⅲ．解決に向けてコンサルタントとコンサルティの間で共同でプランニングすること。
ⅳ．その仮説や提案は、子どもや教師、状況のユニークさ、唯一性を反映し、尊重したものでなければならない。

　コンサルタントとコンサルティが課題と目標を共有し、解決に向かうための暫定仮説、作業仮説のようなものを作る。それを基に具体的なプランを共に練っていく（ⅰ～ⅲ）。この辺は当然だろう。
　ⅳであるが、アドラー心理学は、常に「個性記述的」であることをモットーにしている。コンサルティは、対象となっている第三者についての事前情報を持参してくることがある。心理テストの結果や医学的診断結果などである。それら科学的枠組みで評価された情報は重要であることは間違いないが、それがその当人にとってどのような意味を持っているかがさらに重要である。コンサルティとの関係性の中で、その現れ方は一人一人違うはずなので、単にラベルを貼るのではなく、個別に慎重に考えていく必要がある。アドラー心理学的な表現をすれば、「この人は、○○（診断名、器質、気質、心理特性等）を、どんな対人関係の中で、どのような目標に向かって、どのように使っているのか」という問いを持つことである。

2）コンサルテーションも横の関係

アドラー心理学をベースにしたコンサルテーションも目指す関係性はカウンセリング，心理療法と同じである。すなわち，コンサルタントとコンサルティが対等，平等な関係性（横の関係）を築き，相互尊敬・相互信頼を表しながら対話を進めていく。コンサルテーションでは，セラピストと教師のような専門職同士が向き合う形が多い。保護者にも「我が子の専門家」として敬意をもって接する。

しかし，コンサルティは，どこの馬の骨ともわからない者（コンサルタント！）に相談をしなければならない状況に陥ったことについて，内心プロとしての自尊心や自己評価が低下しているかもしれない。勇気がくじかれた状態といえる。したがって勇気づけは特に意識しておきたい。

そしてコンサルタントは，コンサルティが安心して問題を話せるように友好的で非審判的態度を作り，共感的態度でコンサルティの語りを傾聴する（浅井, 2015）。

助言や提案をするに際しては，コンサルタントは自分だったら実行できる助言内容が，コンサルティにはできない場合や向いていない場合もあり得ることに留意する。普通コンサルティは心理の専門家ではない。コンサルタントもコンサルティの本来の専門分野には詳しくないかもしれない。コンサルタントは，コンサルティの状況や業務の範囲，能力的なキャパシティなどについて自覚的でいたい。

時にはコンサルティの精神状態が低下していてコンサルテーションどころではなく，カウンセリングや医療機関へリファーすることが適切と思われる場合もある。そのような時はコンサルティにコンサルタントの意見を伝え，適切な行動を勧めることになる。

前述したように，コンサルテーションでは，コンサルティの問題解決はコンサルティ自身が実行する。コンサルタントは，そのためにコンサルティと対話をしながら課題を整理し，問題をアセスメントし，対処法を案出してコンサルティに提案し，実行に向けて勇気づける。いわば後方支援である。そして次回のコンサルテーションで結果を評価し，必要であれば次の対処法へ取り組むことを勇気づ

表1 不適切な行動と相手役の感情，対処法

目標	相手役の感情	対処法のポイント
注目	イライラする	不適切な行動に注目を与えない 適切な行動に注目する
権力	怒りがわく	争わない，戦わない できるだけ穏やかに過ごす エネルギーの使い道を考える
復讐	傷ついた感じ	罰の応酬，報復をしない けして見捨てない姿勢を示す 子どもが信頼する人に協力を求める
無気力	絶望感 あきらめたくなる	批判しない，憐れまない 共感する 小さな動き，努力を勇気づける 他の専門家の支援を考える

ける。

3）コンサルタントにおけるアセスメント

コンサルティから聴取した第三者（クライエント，子どもなど）の情報から，コンサルタントは推測によるアセスメントを行う。ここはコンサルタントの臨床的立場，オリエンテーションが直接的に影響するところである。

アドラー心理学では当然，目的論がその軸となる。

中でも「不適切な行動の目標」は，よく使われているようだ。元々子育てのカウンセリング，親教育などでよく使われており，「注目」「力（権力闘争）」「復讐」「無気力」の4つに子どもの問題行動の多くは当てはまるという説である。これに思春期には，「興奮」「仲間からの承認」「優越」の目標を加えることもある（Dinkmeyer & Carlson, 2015）。

この技法が興味深いのは，クライエントと問題をめぐるコミュニケーションをした時のコンサルティ自身が感じた感情を手掛かりに，クライエントの目標を探るところである（表1）。そのため，コンサルティもコンサルタントの与える解釈が腑に落ちやすい。例えば，教

室で騒いだりする子どもの報告を受けたコンサルタントは「その時，あなたはどのように感じましたか？」とコンサルティに問う。コンサルティがクライエントにうるさく煩わしい感じがしたが，怒りを覚えるほどでなければ「注目」の可能性がある。このように問題場面をエピソードとして再現してもらいながら，行動と感情の連鎖を聞いていくことで，目標を推定する。問題はコンサルティと第三者であるクライエントとの相互作用で起きている。本技法について詳しくは，鈴木ら（2015）などを参考にされたい。

　上記のように具体的な行動を追うことで，クライエントの目標を推測するだけでなく，コンサルティ自身の目標を見つけることも有効である。「その時，あなたは何を目指していたのですか？」といった質問をしてみる。時にコンサルティは，問題場面の解決にはふさわしくない目標を持っていることがある。「課題の分離」を用いると，コンサルティは相手の課題に踏み込み過ぎていることがわかるかもしれない。

　その場合，さらにコンサルティが根強く持っている信念を明らかにすることで，問題のコミュニケーションが確認されることがある。アドラー心理学でいうライフスタイルである。コンサルティによっては問題を助長してしまうような私的論理を持っていることがあるので，コンサルタントはコンサルティの私的論理をアセスメントすることが適切な場合がある（Dinkmeyer & Carlson, 2015）。

　しかしライフスタイルのアセスメントを正確にやるには多少の手間と時間が要るので，カウンセリングや心理療法の範疇に入ってしまうかもしれない。だが，コンサルテーションの短い時間でも，効率的に質問し，確認することで，当該の問題に関連する私的論理はある程度は推測できる。それをコンサルティと共有できれば，コンサルティ自身の課題が明確になり，対象者に対する新たな行動がとりやすくなるかもしれない。

　教師のフラストレーションを高めやすい私的論理の例として，以下のものがあるという。

- 生徒は教師に協力すべきだ。
- 教師は全ての生徒と状況をコントロールすべきだ。それができないと，教師として失格だ。
- 私の計画は常に成功しなければならない。
- 改善の見込みのない生徒には，協力しなければ罰を与えるしかない。
- クラスと生徒をコントロールしていないと，自分がコントロールされる。コントロールできないのは危険なことだ。
- 不幸は外部からもたらされる。私は自分の感情をコントロールできない。
- 人間は遺伝と生育環境により形成されるので，変化させることはできない。

(浅井，2015)

　ここで，アドラー心理学以外の心理学的，医学的，社会学的知見も統合してコンサルタントはアセスメントすることも重要であることを念のため付け加えておきたい。他のアプローチと同様，アドラー派のセラピストといえども，アドラー心理学の理論と概念だけで，問題を説明しきることはできないであろう。ただ，どの程度他理論を参照するか，アセスメントの理論構成に入れるかは，アドラー派の人の中でも個人差があるようである。

　例えば，「発達障害」とか「トラウマ」という概念は，その意味範囲，名付けられ方（診断のあり方），アプローチの仕方等において，医療や心理の世界でさまざまな議論がある。その中で，大ベストセラーになった『嫌われる勇気』（ダイヤモンド社）のキャッチコピーに，「トラウマは存在しない」というのがあったのを見て驚かれた方もいるかもしれない。同書を丁寧に読むとそのようには書かれていないので，あくまでインパクトを狙った言葉のようであり，アドラー心理学がトラウマの存在を否定しているかのように言うのは正確ではないと思われる。

　では，巷間言われているような「私，あのトラウマのせいで○○できない」といった言説を，アドラー心理学ではそのまま受け取るかというとそうでもない。アドラー心理学では，トラウマになり得る事態に対して当人がどのような態度決定をしたか，その人の目的

に沿ってそのトラウマがどのように使われているか，という視点で考えることが多いだろう。あくまで主体はその当人であり，トラウマや病理ではない。

4）助言・提案

コンサルテーションにおいてコンサルタントが用いるアドラー心理学の技法として代表的なものに，代替案の生成，勇気づけ，自然の結末と論理的結末，クラス会議，家族会議，読書による心理教育などがある（浅井，2015）。関心のある方は関連書に当たるか，実際にアドラー心理学の講座を受けて，体感し，身につけていただきたい。

いずれの技法を採用するにしても，コンサルタントは，コンサルティの状況や資質，性格（ライフスタイル），実行可能性を勘案しながら，具体的でわかりやすいアイデアを提供するべきである。

（3）ライフ・タスクの解決のためのケースワーク

カウンセリング，心理療法をしていると，クライエントのライフ・タスクの解決にエネルギーを注がなければならない場合がある。ライフ・タスクには大きく，「仕事，交友，愛」があるとされるが，クライエントはもちろん「自分の課題」として，それらに取り組まなければならない。仕事の課題のカウンセリングであれば，仕事を探し面接に行くのはクライエントが自分でしなくてはならない。セラピストはクライエントの背中を押すように勇気づけるのが基本であろう。

しかし，物質的，心理的事情でクライエントだけではその課題を克服困難な場合，セラピストはクライエントと協議した上で，直接的な介入をすることもある。「課題の分離」の考えでいけば，「クライエントとセラピストの共同の課題」が成立すればセラピストは動き出せる。クライエントのライフ・タスクの側の諸々と連絡，調整，紹介などの業務をすることになるかもしれない。積極的なアドレリアンはこれを厭わない。

それはクライエントの家庭を訪問をすることかもしれないし，ひきこもりの当事者の会を紹介したり，福祉や医療の機関につなげることかもしれない。時にはセラピストは単に紹介状を書くだけでなく，それらの場所に行く際の同伴をすることもあるかもしれない。アドラー派ではないが，あるセラピストがギャンブル依存症のクライエントに曝露反応妨害法を実施する中で，クライエントがパチンコ屋の周りを何分か何周か回るという課題をすることになり，セラピストがパチンコ屋の前でクライエントと待ち合わせてそれに付き合ったという事例を感心しながら聞いたことがある。これはクライエントがパチンコ屋と「連携しないため」であり，基本は「共同の課題」にさえ乗っていれば，セラピストは柔軟に動いてよいと筆者は考えている。

システムズアプローチでは，セラピストは連携する援助機関もアセスメントするべきことが主張され，それをメタアセスメントと呼んでいる（吉川，2009）。その際，援助機関がどのような施設で，どのような機能を持っているかを知ることが大切なのはもちろんだが，その中にいるスタッフたちはどのような考えを持ち，どのように事象をとらえる傾向があるか，どのような困難に陥りやすいかを推測しておくことが重要とされる。

ここでもアドレリアンらしく勇気づけと，「相手の目で見，相手の耳で聴き，相手の心で感じる」共感的態度を，連携先の人たちにも働かせたい。目の前のクライエントやコンサルティに共感的態度でいるのは容易だが，直接目の前にいない，物理的には離れている連携機関にはそれが働かずに，どこかで聞いたネガティブな噂話を真に受けたり，一度や二度の失敗事例からマイナスなレッテルを貼ったりして，いたずらに他機関を責めたり，不信感を持つ人をたまに見聞きするからである。

（4）アドラー心理学の学習・自助グループとの連携

最後にアドラー心理学ならではの連携の姿を紹介したい。

アドラー心理学を熱心に学び，普及，推進している人々の多くは

心理臨床や医療の専門職ではなく、一般の人たちである。専門職では教師が一番多いであろう。一般といってもビジネスや技術、芸術等のそれぞれの分野のプロフェッショナルとして社会で活躍している人も多い。また、子どもや家族のことで悩みや課題を抱えてアドラー心理学を学んだ保護者やその当事者も「その道のプロフェショナル」といえる。

その中で、アドラー心理学のペアレント・トレーニング・プログラムが現在いくつかあり、熱心に活動している人、グループが全国各地にある。この人たちとの連携ができるのが筆者にとっての強みとなっている。

このペアレント・トレーニングの多くは、元々アメリカのアドレリアンたちが開発したものを基に、日本の風土、子育て文化に合うように開発し直したものである。困った行動の見方、勇気づけや課題の分離、家族会議などアドラー心理学らしい子育ての考え方や技法を学ぶことができる。

筆者の地域では、SMILE (Seminar for Mother (Father) − Child Interaction with Love and Encouragement) というプログラムのリーダーが何人かいて、それぞれ活発に活動している。そのプログラムの参加者の中で個別のカウンセリングが必要な人がリーダーの紹介で筆者の施設に来られることがある。反対に筆者のクライエントで、小グループ体験や子育てのスキルを学んでいただいた方がよいと思われた方には、適当なリーダーの開催するSMILEのコースを紹介する。

民間の有料カウンセリングではクライエントが来ることのできる回数などの制約があり、心理教育する時間を十分に確保することは難しい。きっちりとある期間、体系だってあるメソッドを学んでもらった方が効率的な場合はあると思われる。また、同じような悩みを持つ保護者同士が出会い、語り合い、学び合うことの意味は大きい。ピアカウンセリングの機能もこのようなセミナーは持っている。

事例

前章の小学校4年生の子どもの母親の事例の続きである。

このままでは親子関係はさらに悪化していくことが共有された。そこで，筆者の知人の開催するSMILEのコースを紹介した。母親はしばらくはコースの方に集中し，修了したところでカウンセリングは再開された。「実行するのはなかなか難しいですね」と素直な感想をおっしゃったが，母親なりに努力はしてくれるようになった。「子どもは怒ってでもいうことを聞かせなくてはならない」という信念に，アドラー心理学の民主的な考え方が刺激になったようであった。

こういったペアレント・トレーニングを学んで劇的に変わった人もいるし，疑問を持ちながら試行錯誤の人もいる。癖になった日々のコミュニケーションを変化させようというのだから，ある程度の時間がかかるものであると思っておいた方がよいかもしれない。一種のお稽古事である。

ただ，アドラー心理学のペアレント・トレーニングは基本的にはどのような子ども，大人を含めた人間関係に適用できるが，必ずしも虐待や発達障害のような問題特定的ではない。実際には不登校や発達の問題を抱えた子どもの保護者がたくさん受けており，好評を得ているのを聞いているが，問題や症状を直すこと自体が目的ではないため，保護者のニーズとフィットしないこともあり得る。「うちの子はアスペルガーだから，勇気づけは効かない」という人もいる。そのような子どもにも当然勇気づけが必要だと思うが，その方法には工夫が要る場合が確かにあるかもしれない。そういう人には，個別のカウンセリングで検討していく方がよいだろう。

また，リーダーは一般の人が多いので，必ずしも臨床心理学的知識が豊富な人ばかりではない。したがって，リファーする際は，クライエントの問題とそのセミナーがうまく適合するか，見立てておく必要があるだろう。

アドラー心理学を使っていない臨床家も，もしかしたら自分の地域にこういう活動があるかもしれないことを知っていただき，必要があれば連携を考えたらどうだろう。コミュニティで活用する心理学として，アドラー心理学は草の根のように浸透しつつあり，多く

の臨床家には連携先として頭に入れておいていただきたい。

　文　　献
浅井健史（2015）アドレリアン・コンサルテーションの理論と実践．コミュニティー心理学研究，19(1), 94-111.
Brigman, G., Mullis, F., Webb, L., & White, J. (2005) *School Counselor Consultation Skills for Working Effectively with Parents, Teachers, and Other School Personnel.* John Wiley & Sons.（谷島弘仁訳（2012）学校コンサルテーション入門．金子書房．）
Dinkmeyer, D. Jr. & Carlson. J. (2015) *Consultation: Creating School Based Interventions (4th edition).* Routledge.
鈴木義也・八巻秀・深沢孝之（2015）アドラー臨床心理学入門．アルテ，pp.135-144.
鈴木義也（2015）コンサルテーションとコラボレーションにおけるアドラー心理学の活用．In：深沢孝之編著：アドラー心理学によるスクールカウンセリング入門．アルテ，pp.165-181.
吉川悟（2009）システム論からみた援助組織の協働―組織のメタアセスメント．金剛出版．

第5章へのコメント

Comment　　　　　　　　　　　　　　　　　　　　　　鈴木義也

　第5章で深沢先生は，コンサルテーション，コラボレーション，ケースワーク，学習会への紹介などの多様な連携手法について解説しています。

　個別セラピーは二者関係ですが，種々の連携は三者以上の関係が展開します。ですから，こちらはクライエントのみならず，関係する家族，教師，紹介先などの第三者に対しても，クライエントと同じように，関係作りから始めて，見立てや介入をします。

　筆者も個別カウンセリングにおいて，クライエントの家族や上司に同席を願うことがしばしばあります。当人とその関係者が同席し

てくれると、当人と関係者の関係が生で見られて大変有益です。さらに、セラピストはその関係者とも直に接するので、ねぎらい、励まし、提案などのさまざまなコミュニケーションをかけることが可能となります。

　クライエントと同伴して来談した関係者と話してみると、いろいろなことが見えてきます。その関係者に対しても、単なる情報提供者やクライエントへの要求者として扱うだけではなく、クライエントのことで苦労している人としてサポーティブに関わります。なぜなら、クライエントの問題解決のために関係者に「協力」を願う必要があるからです。

　連携におけるポイントは、セラピー外の「資産」や「資源」をいかにうまく使用、利用、活用するかです。使えるものは何でも使うという姿勢です。それは閉じられた面接構造という箱の中に入ってきたクライエントと対峙するというよりは、面接室をひとつの結び目として、その周囲の開かれた生態系のネットワークにまで触手を伸ばしていくというイメージです。面接室の中の世界だけでなく、面接室の外にも地図を広げ、活用できる資産を探しに行きます。

　深沢先生は「アドラー心理学では、トラウマになり得る事態に対して当人がどのような態度決定をしたか、…（中略）…という視点で考え」「あくまで主体はその当人であり、トラウマや病理ではない」と述べています。アドラー心理学はトラウマや病気に関する言説に決して負けません。個人の主体性は困難にさらされても失われることなく機能しているからです。

Comment
　　　　　　　　　　　　　　　　　　　　　　　　八巻　秀

　先日「未来語りのダイアローグ Anticipation Dialogues」の講演会に参加してきました。これはコンサルテーションの場面で使われている新しいセラピーで、オープンダイアローグと同じフィンランド発の「対話」を最重要視する援助姿勢・技法です。そこで謳われていたものの1つが、「聞いてもらうことと、応答してもらうことは、

根本的に人が必要とするものである」というような「対話的関係」や「ダイアローグの思想（対話主義）Dialogism」というものでした。

　深沢先生によってこの章で示されているアドラー心理学による連携のベースに流れている「対人関係論」などの考え方や，それに伴う勇気づけなどの技法などは，オープンダイアローグや未来語りのダイアローグで提示されている「ダイアローグの思想」と，ほとんど同じ方向を見ているように思います。それは「対等な横の関係での援助」を行っていること，クライエントもセラピストも「目的」や「未来想起」など過去よりも未来に目を向けていくことを重視することなどが，共通項としてあげられます。（あっと，これは何でもかんでもアドラーと結びつける「アドラー病」というんでしたっけ？　笑）

　第7章の座談会でも箕口先生がおっしゃっていますが，コミュニティー心理学で取り上げられてきたコンサルテーションという作業は，アドラー心理学の持っていたものと親和性が高いと言われています。歴史的にもアドラー自身の晩年の心理臨床活動は，ウイーンの診療所から広がって，ヨーロッパやアメリカのいろいろな場に出向いて，教師やソーシャルワーカーや医師にむけたコンサルテーションや，一般市民向けの講演活動が主だった，と言っても良いですよね。そのアドラーの晩年の活動から，今もまだ学べるものは多いのではないでしょうか。

　例えば，アドラーが講演した後，ある聴衆の一人から「あなたの言っていることは当たり前の話（コモンセンス）ではないか」と言ってきたことに対して，アドラーが「それで？　コモンセンスのどこがいけないのか？」と答えたという有名なエピソードがあります。講演や著作を通して知るアドラーの言葉は，他の人はコモンセンスだと思ってしまうほど，わかりやすい言葉を使っていたと言えるのでしょう。アドラーがやっていた，いろいろな他職種の専門家だけにとどまらず，一般の人々にも通じやすい・わかりやすい言葉を使うことは，現代のさまざまな専門家同士の連携をしやすくする基本的な態度なのかもしれませんね。

また，この章でも取り上げていたSMILEという親子関係プログラムは，私も受けたことがありますが，親子関係だけでなくさまざまな人間関係に応用できる，アドラー心理学による健全な人間関係の作法を学べるプログラムです。このプログラムも，中心テーマは「話し合い」つまり「対話」なんですよね〜！　こう考えると，アドラー心理学は，ずっと「いかに人は対話して幸せになるのか？」というテーマについて考えてきていたんですよね。やっぱりアドラー心理学は「対話主義」の源流ですよね！（やっぱり私はアドラー病!?　笑）

第6章

Q&A

鈴木義也

(1) 理　　論

Q　アドラー心理学のような古いものを学ぶ意味はあるのか？

　A　アドラーはウィーンでフロイトやユングと共に学んだ仲なので，心理療法では古参の部類に入る。社会背景としては，当時のウィーンはハプスブルグ家の統治するオーストリア・ハンガリー帝国という君主制が終焉して共和制になり，脱君主制という時代の大きな転換点にあった。脱君主とは，父である王からの脱父権や脱既存制度を意味しており，3人も帝政後の在り方をそれぞれに模索したと思われる。フロイトはエディプス・コンプレックスにおいて脱父権の葛藤を描き，後に，自身の属するユダヤ教を独自に脱構築した。ユングは無意識の世界において父性と異なる母性を探求し，後に，自身の出自であるキリスト教を独自に解釈した。

　アドラーは神話や宗教や歴史などの世界には向かわず，個人から教育制度や社会制度にまで広がるリアルな社会の在り方を模索した。アドラーの思想は基本的には，近代市民社会において自由・平等・独立の原理を用いる近代主義であり，市民を主権者とする社会を想定して，医療，教育，福祉に及ぶ実践をした。日本における市民社会の形成においても，アドラーの思想は色あせるどころか確固たる模範を示してくれている。

　教育基本法の第1条「教育の目的」には「教育は，人格の完成を目指し，平和で民主的な国家及び社会の形成者として必要な資質を備えた心身ともに健康な国民の育成を期して行われなければならな

い」と記されている。アドラー心理学の理念は，市民社会の豊かな実現に寄与しようとする心理学や教育にとって心強い指針となりうるものである。アドラーの思想は現代の市民社会の視点からしても古びていない。

一方で，ポストモダンの視点からすると，社会や心の普遍性や特定の「構造」を想定しているアドラー心理学は，近代思想の限界を持っていると言うことができよう。

思想面について言及したが，心理療法としてのアドラー心理学も，本書で紹介しているように，古いからと捨ててしまうには惜しい掘り出し物がまだまだ沢山ある「心理療法の採掘場」なので，何か見つけてもらえば幸いである。

Q アドラーはどの流派に影響を与えたのか？

A 『無意識の発見』(Ellenberger, 1970) において，ネオ・フロイディアンはネオ・アドレリアンであると評されているのは，アドラー派ではつとに有名な話である。ネオ・フロイディアンはフロイトの生物学的欲動ではなく，アドラーの対人関係に比重を置いた視点を独自に発展させている。

AdlerPediaというホームページには，以下の32の流派が影響を受けたものと記されている。ACT（アクセプタンス＆コミットメント・セラピー），行動療法，キャリアカウンセリング，CBT（認知行動療法），認知療法，コミュニティ心理学，社会構築主義，DBT（弁証法的行動療法），EFT（感情焦点化療法），情動志向療法，実存主義アプローチ，家族療法，フェミニストセラピー，ゴットマン派，ホーナイ派，ヒューマニスティック・アプローチ，クライン派，コフートの自己心理学，動機づけ面接，多文化間セラピー，ナラティヴ，対象関係論，パーソンセンタード・アプローチ，ポジティブ心理学，心理教育，現実療法，REBT（論理療法），RCT，スキーマ・セラピー，解決志向アプローチ，サリバン派。

アドラーの教えを受けたマズローは，晩年に「アドラーはますます正しくなる」と述べているし，同じく，フランクルもアドラーか

ら除名されなければずっとアドラー派でいたかったと述懐している。

これ以外にも多くの流派の中にアドラーの相似形や断片を発見できる。しかし、ほとんどの流派はアドラーから影響を受けたことを言及していないため、本当のところはわからない。影響が全くなかったとしても、後の人々が実施したことを、アドラーは先駆的におこなっていたと言える。

とは言え、どの流派もアドラーの実績の一部との関連がうかがえるにしか過ぎない。体系的で豊かなアドラーの考えをまるごと継承しているのはアドラー心理学を置いて他にない。

アドラー心理学から見ると、人間関係を見る「対人関係論」は新フロイト派やシステム論や対人関係療法などの流派に、頭の中のことを考える「認知論」は認知療法などの流派に、心の闇よりも肯定的側面を重視する「主体論」は人間性心理学やポジティブ心理学などに展開しているのを見ることができる。

逆に、アドラー心理学にしかないものもたくさんある。代表的なものは「目的論」や「共同体感覚」である。目的論は諸々の心理療法にも取り入れられているが、オリジナルの表看板として掲げているのはアドラー心理学だけである。

アドラーの業績は後世のセラピストから「心理療法の採掘場」とされた。それが盗掘であれ何であれ、掘り出された偉大な遺産は、すでに心理療法の世界に広く浸透してしまっていて、今の我々には常識となっていたりする。だから、アドラー心理学を知らない限りは、その影響に気づくよしもないのである。

Q アドラー心理学にはどのような理論や技法があるのか？

A 人間理解の理論として、目的論、対人関係論、認知論、全体論、主体論の5つがある。詳細は『アドラー臨床心理学入門』（鈴木ほか、2015）をご覧いただきたい。

人間は一貫して（全体論）、人生を選び（主体論）、関係の中で（対人関係論）、意味づけて（認知論）、目的に向かって生きている（目的論）というふうにアドラー心理学は考えている。

だから，人間は矛盾を孕んだ2つの部分からなる（分割論）わけではないし，人生が決まっている（運命論）わけではないし，生物学的機序だけで生きている（要素還元論）わけではないし，誰もが同じことを考えている（普遍主義）わけではないし，過去に縛られている（原因論）わけでもない。

他の重要な理論としては，**ライフ・タスク，ライフスタイル，共同体感覚，勇気づけ，使用の心理学**などがある。

技法としては，**課題の分離，論理的結末，勇気づけ，早期回想，家族会議，クラス会議**など大きな技法が有名だが，他にも，逆説，あたかも，押しボタン技法，スープに唾など色々な技法がある。

勇気づけ，課題の分離，論理的結末の3つは，理論であり，かつ，技法でもある。例えば，勇気の重要性が理論で説かれるが，勇気の度合いは見立てにおけるポイントとなりうるし，勇気づけは具体的なコミュニケーション技法としても用いられている。

その他の早期回想，家族会議などの技法は，上記のような理論に基づく具体的な手法である。理論と実践の距離が近く，両者は乖離していないので，理論から即実践に応用できる。

また，理論と矛盾するような用い方さえしなければ，他の流派の技法も遠慮なく用いる。自分の流派の中だけに閉じこもらず，排他的にならず，オープンに技法を取り入れていく懐の広さがある。そもそも，技法は表面的で軽薄なものであるとは考えていないので技法使用に抵抗がない。圧倒的に技法の持ちネタが多くて便利である。さりとて，昨今の技法オンリーとも違って理論的背景の中に位置づけて技法を運用しているのが心強い。

Q　アドレリアン・セラピーの前提となる理論は何か？

　　A　いろいろあるが，文献として最も権威があるとされているアンスバッハの著作は「アドレリアン・セラピーの前提」として以下を挙げている（Ansbacher et al., 1964; pp.1-2. を要約して訳出）。

1）マイナスからプラス，劣等感から優越感・完全性・全体性への努力が

基本的力動である。
2）この努力は，個人的に思い描かれた目標（自己理想）によって方向づけられている。
3）その目標は漠然としており，本人の自覚はほとんどない。
4）目標が最終的な原因であり，個人を理解する仮説（鍵）である。
5）すべての心理的過程は目標の視点からの一貫した体制を形成する。それは演劇が結末（目標）を見据えて始まるようなものと言える。矛盾するように見える行動は同じ終結（目標）への異なる道筋である。
6）各種の欲動や，意識と無意識などの心理学的分類の違いは見かけである。それらはひとつの関連したシステムの諸側面であって別のものではない。
7）生物学的要因や過去の歴史などの客観的決定因は，直接働くわけではなく可能性に過ぎない。人間は客観的要因をライフスタイル（生き方）に合わせて用いる。その重要性と効果は，心理学的な仲介過程（代謝）を通してのみ増大する。
8）自分自身や世界に対する見解，知覚スキーマ，解釈などの全ては，ライフスタイルの諸局面であり，心理的過程に影響する。「万事見方次第」がアドラーのモットーである。
9）個人を社会的状況から離して考えることはできない。個人は社会に埋め込まれたものであり，人間を隔離して見るべきでない。
10）人生の重要な問題は社会的問題である。全ての価値は社会的な価値である。
11）個人の社会化は，抑圧によってなされるものではなく，発達させるべき生得的な能力を通してなされる。この能力は共同体感覚と呼ばれる。個人は社会に埋め込まれているので，調整には共同体感覚が不可欠である。
12）不適応は，劣等感の増加，共同体感覚の未発達，非協力的目標による優越性の追求の増加によって特徴づけられる。その問題は課題中心的な「共通感覚 common sense」ではなく，自己中心的な「私的感覚 private sense」によって対処されている。社会的規範を持つ神経症は失敗を経験している。しかし，共通感覚からすれば同様に失敗である精神病は，社会的規範を持たないので失敗を経験していない。

Q　アドラー心理学は深層心理学なのか？

　A　一般的には、アドラーはフロイトやユングとともに深層心理学の一翼を担う人物とされている。深層心理学は無意識という構造や過程を想定して、その力動を解明しようとするものである。後の構造主義哲学者がフロイトを構造主義だと評したように、深層心理学は心の深層構造や、無意識独自のメカニズムを仮定している。エレンベルガーも『無意識の発見』(Ellenberger, 1970) の中で功労者としてアドラーに一章を割いている。

　しかし、アドラーは、フロイトやユングのように無意識を自律的もしくは独立的な存在だとは考えず、意識と無意識には断絶はなく、人間は一貫したものだと考えている（全体論）。だから、無意識を独立した存在として捉えたり、無意識を擬人化したりはしない。アドラー心理学の深層構造は、全体として一貫した人間における「気づいていない」無自覚な部分があるという意味合いである。

　アドラーが無意識の代わりに用いた概念がライフスタイルであった。一般に私たちは自分の性格には気づかないが、それを無意識とは呼ばない。アドラーもライフスタイルについては無意識とは呼ばず、その人の「気づいていない」部分という言い回しをよくしている。アドラーは夢や身体言語や症状の意味することを解釈するが、それは意識とは別の無意識という存在を捉えることではなく、その人のライフスタイルの「気づいていない」部分をより深く理解することであった。

　アドラー心理学における「力動」や「無意識」や「深層心理」は、精神分析で理解されているものとは意味が異なっている。アドラーはフロイトやユングとは別種の構造主義なのである。

Q　アドラーは病理とその対処をどのように捉えていたのか？

　A　アドラーは「神経症は意識と無意識の葛藤であるというような定義は、無条件に斥けなければならない」(Adler, 1980; p.129) し、「器質的な変化として化学的なものを見つけ出そうとする時も同じである」（前掲書, p.129）と述べて、深層心理学的な無意識説や、

脳科学などの生物学説を否定している。

では，神経症とは何かというと，「劣等コンプレックスが発達した形が神経症（Adler, 1969; p.137）である。そして，神経症は「YES, BUT」「はい，でも」と記述される。

> 「脅かされている名誉を守るためにショックの体験（引用者注：神経症の症状）を用いること，これが神経症である。もっと，短くいうことができる。神経症者の態度は『はい，でも』という形になる。この『はい』には共同体感覚が認められるが，『でも』に認められるのは，後退と安全である」（Adler, 1980; pp.141-142）

したいのは山々だが，できない理由があるのだと「はい，でも」でもって退却を決める。「神経症者のモットーで，大抵はとんど修正されることのない『全てか無か』」（前掲書，p.140）がその原則になっている。勝負しても完勝せずに負けるなら欠場した方が良く，欠場するための妥当とされる理由として症状を用いるので，その苦しみは甘受している。

そうした上で，以下のように「もしも」を仮想して劣等感を補う優越コンプレックスを構築する。

> 「『もしも』は，通常，神経症のドラマの主題である。『もしも』は，神経症的なジレンマにおける最後の頼りであり，逃避のための唯一の確実な方法である。『逃れようとする』ことには，一つの理由しかない。敗北することを恐れることである」（Adler, 1964; p.17）
>
> 「『もしも私の苦しみが妨げるのでなければ，一番になることができるであろうに』と考えることを可能にすることで，患者の優越感を効果的に擁護する」（前掲書，p.24）

このような言い逃れの言説を持つ神経症に対して，精神病は「NO」「いいえ」と記述される。それは社会を「いいえ」と拒絶して，非社

会的な幻想の世界に入っていく宣言である。

また，犯罪者は「NOT ME」「私ではない」と記述される。これは共同体感覚を理解しつつも，それが適用されるのは「私ではない」という考えである。それくらい自分は超法規的で特別な存在であるという優越コンプレックスの言説で，形態は反社会的である。

> 「子どもが悪い意味で高い活動性を獲得すれば，後に失敗する時，神経症にはならず，他の形の失敗者——犯罪者，自殺者，大酒飲みになる」（Adler, 1980; p.131）

このように，神経症，精神病，犯罪のそれぞれの生き方（ライフスタイル）の違いは，「はい，でも」，「いいえ」，「私ではない」で説明されている。いずれにせよ，勇気がくじかれた体験に対して，共同体感覚から遠ざかる世界に進む生き方を選択してしまったことが問題とされる。

> 「あらゆる神経症の問題は，人生の現実が要求するものを歪めたり否定したりするような困難な行動，思考，認識のスタイルを患者が維持しているということにある」（Adler, 1964; p.7）

そして，このような問題の理由を以下のように述べている。

> 「コンプレックスが発達するあらゆるケースにおいて，社会的で有用な方向で働くことができないのは，個人の側に勇気が欠けているからである。勇気が欠けているので，社会的な道を歩むことができないのである。勇気の欠如と並んで，社会的に人生を歩んで行くことの必要性と有用性が知的に理解されていないということがある」（Adler, 1969; p.137）

勇気の欠如と社会的な歩みへの知識の欠如が問題だとすれば，それらを増し補うような働きかけが，こちらのできる対処ということ

になる。勇気についてはアドラー心理学ではよく言及されるが、「社会的に人生を歩んで行く」知識とは何だろうか。そのような体験やモデルや学習が提供する広い意味での心理教育が病理への予防と対処と考えられる。

明暗、陰陽、善悪のような対立する二元の1セットでこの世が構成されているという陰陽道のような世界観になぞらえて意識と無意識を分けて見るのはアドラー的ではない。この世の「不適切」なものは勇気や共同体感覚のようなプラスのものの「欠如」に過ぎない。だから、不適切なものに肯定的な意味づけはせず、ただ欠如を埋める適切なものが増すことが望まれる。

Q アドラー心理学における治療目標は何か？

A クライエントの治療目標は個々に異なるものだが、全般的には共同体感覚が醸成され、勇気が増すことが望ましいとされる。不適切なライフスタイルを自覚した上で、適切な目的や手段を再選択して自己決定していくというのがよく言及される治療過程である。その際、新たな目標や手段の指針となるのが共同体感覚であり、その決断と実行のためには勇気というエネルギーが必要となっているとされる。

それは人生の「無益な側面」から「有益な側面」へのシフト・チェンジであり、個人の優越性を追求する「垂直方向の動き」から、共同体感覚における優越性を追求する「水平方向の動き」として、社会に「所属」し「貢献」していく「動線」になっていくことである。

セラピーは問題を解決したり、症状を治療したりするのが普通だが、そのようなクライエント個人のニーズに答えるだけではなく、共同体感覚に沿って社会とのつながりに向かうことを後押しする。一般に、セラピストは中立的な立場を取るものとされるが、アドラー心理学は価値判断を回避せず、共同体感覚に基づいた提案をすることもある。このようなセラピーの志向性があるのがアドレリアン・セラピーの特徴と言える。アドラー心理学は共同体感覚志向セラピーである。

「共同体感覚は，とりわけ共同体の形への追求努力をいうが，この共同体は，例えば人類が完全の目標に到達した時に考えることができるような永遠のものと見なさなければならない。決して現在ある共同体や社会が問題になっているのではなく，政治的なあるいは宗教的な形が問題になっているのではない」（Adler, 1980; pp.224-225）

このように共同体感覚という目標は，具体的で身近なものではなく，理想主義的で遠大なものである。

クライエントとその自己決定を尊重するアドラー心理学は，志向性があるからといって押し付けはせず，クライエントの選択を重んじる。

「成功する治療の本質は，勇気と自己制御を増すこと」（Adler, 1964; p.172）であり，「患者は勇気と自己制御を，他の人に委ねることによってではなく，自分で使うことで証明しなければならない」（前掲書，p.172）。今風に言えば自己効力感を増すことであり，それはセラピストがクライエントを支配したり操作したりすることではなく，クライエントの自主独立的な自己決定を奨励していくものとされる。

このように相手を尊重しつつも，こちらはこちらで治療目標の大枠は携えているのが特徴である。

（2）学　　際

Q　アドラー心理学は科学的ではないように思われるのだが？

A　アリストテレスは原因論において，質料因，形相因，起動因，目的因という4つの原因を挙げている。このうちのひとつである起動因が，後に科学と言われるものの基本的な考え方となり，因果関係における原因と呼ばれるようになったとされている。

アドラーは科学という起動因が一般化する前から多用されてきた目的因を「目的論」として採用している。目的論はその行動の原因

を未来の目的に求めるものである。「今日は昼に蕎麦が食べたいから亜土羅庵に行った」というのが目的論である。この現象を原因論で説明すると「私の遺伝子や脳内システムが身体の栄養素不足を察知して蕎麦屋に行った」、または、「昼に蕎麦を食べるという文化的かつ社会的習慣、もしくは、無意識に突き動かされて蕎麦屋に行った」となる。

　目的論の論理は原因論的な科学の論理ではない。しかし、アドラー心理学は科学を否定はしないし、反科学主義でもない。心理学は社会科学に分類されるが、社会科学には純粋科学ではない考えも散見される。目的論も社会科学的な知見のひとつとして位置づけてもらえないだろうか。

　アドラー心理学のエビデンス研究は乏しいと言わざるをえない。しかし、日本でも共同体感覚や勇気づけなどに関しての実証的研究は続けられている。行動科学とは異なる立場で登場したブリーフセラピーが、近年、実証的な裏付けを獲得している。アドラー心理学でも今後の実証的研究が大いに期待される。

Q　アドラー心理学は教育学のように思われるのだが？

　A　アドラー心理学は一般的な臨床心理学のみならず、子育て支援、家族支援、親教育、学校教育などにも情熱を注いでいる。アドラー心理学の学習者も心理学関係者だけでなく教育関係者も多く、学校教員のアドラー心理学への期待も感じられる。アドラー心理学を心理学専門職の専売特許とする必要は全くなく、社会に開かれた知的財産として活用してもらえるのは喜ばしいことである。

　アドラー自身も医学を学んだが、自らの研究を心理学と称したし、家庭や学校での教育について多く論じ実践した。また、医学によって人々を治療するだけに収まらず、教育によって社会を変えていく志をアドラーは持っていた。さらに、アドラーは「個人心理学に形而上学の要素を見出す人は正しい」(Adler, 1980; p.225) と、直接経験を超えた思弁的な要素も必要であると述べている。

　特に、起きている事象に距離を置いて科学的に検証していこうと

する傾向の強い心理学では、対象にバイアスを与えずに調査しようとし、臨床心理学においても中立的スタンスが重視される。アドラー心理学はそれらを踏まえつつも、共同体感覚などの価値観に基づいて発言することもある。おそらく、このような志向性や価値観を臆さずに持っていることが、心理学的というより教育的なところであり、他の心理療法各派と若干異なるところかもしれない。

Q　アドラー心理学は自己啓発のように思われるのだが？

　A　ベストセラーである『嫌われる勇気』（岸見, 2013）のサブタイトルは「自己啓発の源流アドラーの教え」とあり、書店でもアドラーは心理学でなく自己啓発系のコーナーに置かれていることもある。多くの自己啓発系の著者たちはアドラーから影響を受けたとも言われている。アドラーの教えを受けたフランクル、マズロー、ロジャーズなどの「第3勢力」の潮流も自己啓発の文脈で扱われることがある。

　アドラーはアメリカにあっても、専門家だけでなく一般の市民に向けて本や講演会で大いに語りかけた。アドラーは心理学を専門家の手から分け隔てなく市民に解放したという点で、大衆向けであろうとした。これはアメリカの大衆向けのポップ心理学の先駆けのひとつだったと思われる。

　アドラー心理学は「人生の有益な側面」に進もうとするポジティブさがあり、自己決定で人生を変えることができるという希望をもたらし、勇気という動機づけで人を励ます。ネガティブな心の世界を探求するや病理学志向とは全く趣の異なるものである。アドラー心理学との共通点がよく指摘されるポジティブ心理学のように、生きる力を肯定的に描くものである。このため、自己啓発の路線と近いところに置かれている。

　このように、アドラーは自己啓発と一部重なる部分があると言えばある。しかし、自己啓発には成功哲学や可能思考など非論理的で魔術的なものも多数存在している。そういう類のものとアドラー心理学とは相入れないものであり、自己啓発と呼ばれることには違和

感を覚える。

Q　ミルトン・エリクソンはアドラーから学んだのか？
　A　筆者の知る限り，エリクソンがアドラーに言及した文献は見当たらない。また，ほとんどのエリクソニアンもアドラーを知らないので言及されることもない。しかし，時代的には，読書家のエリクソンがアドラーの著作を読んでいなかったとは到底考えられない。

　アドラーは逆説，間接，比喩，宿題の手法を用いているが，これらは現在，エリクソニアンの十八番とされている。アドラーの弟子たちは，彼のセラピーをマニュアル的に定式化して伝えているが，アドラー自身は型に捉われないオーダーメイドのセラピーをしていたと聞く。治療の定式化をしなかったあたりもエリクソンと通じるところがある。

　アドラーの間接技法の事例を以下に引用するが，エリクソンとよく似ていると思うのは筆者だけだろうか。

「間接的な治療の方法に話を戻すならば，私は，その方法をとりわけうつ病の場合に勧める。共感的な関係を確立した後で，私は行動を変えるための提案を次の二つの段階で与えることにしている。第一段階での私の提案は，『あなたにとって気持ちのいいことだけをしなさい』というものである。患者の通常の答えは，『気持ちのいいことなどない』というものである。『それでは少なくとも不愉快なことをする努力はしないでください』と私は答える。症状を改善するために自分には向いていないさまざまなことをするように勧められてきた患者は，私の助言の中に，目新しさを見出して嬉しくなる。そして，場合によっては，行動を改善するかもしれない。後になって，私は次のようにいって，行動の第二の規則をほのめかす。『これは前にいったものよりずっと難しいので，あなたがそれに従うことができるかどうか，私にはわかりません』。こういってから，私は黙り，患者の方を疑わしそうに見る。このようにして私は患者の好奇心を刺激し，患者の注目を確保し，

その上で,次のようにいう。『もしもあなたがこの第二の規則に従うことができれば,十四日後にはよくなるでしょう。その規則というのは,時々,どうすれば他の人に喜びを与えることができるかよく考えて見るということです。そうすれば,すぐに眠れるようになり,あなたの持っておられる悲しい考えをすべて一掃することができるでしょう。自分が役に立ち,価値があると感じられるようになるでしょう』

　私のこのような提案に対しては,さまざまな応答が返ってくる。しかし,どの患者も実行するのは困難である,と考える。もしも答えが,『自分自身でも喜びを持っていないのに,どうしてそれを他の人に与えることができるだろう』というものであれば,『それなら四週間が必要でしょう』といって見込みをより楽なものにする。『誰が「私に」喜びを与えてくれるのであるか』というもっと率直な応答に対しては,私は,次のようにいって,おそらくゲームの中でもっとも強力な一手でもって対決する。『おそらく,次のようにしてご自分を少し訓練するといいでしょう。実際に,誰か他の人を喜ばせるようなことを「しない」でください。ただ,どうすればそうすることが「できる」かどうかだけを考えてください』…(中略)…このようなケースを扱った際に,私は,非常にしばしば起こる災難である患者の自殺を経験しなかった。これは,以上述べたような間接的な治療が激しい緊張を弱めたからである」(Adler, 1964; pp.32-34)

(3) 実　　践

Q　アドラー心理学は臨床にどのように役立つのか?

　A　アドラー心理学はひとつの理論的枠組みなので,それを用いることによって独自の世界が構築され,それは事例を見立てつつ介入する道筋となる。もちろん,このことは他の流派も同じだ。しかし,アドラー心理学は独自に完結している体系なので,ほとんど全領域をカバーして,何を対象とするセラピーであっても基本的にはこれひとつでこと足りてしまう。特定領域に特化したセラピーでは

ないので，適用範囲が広いのも使い勝手のいいところである。

　他とは互換性がない術語が多いため，他のセラピーを学んできた人にはとっつきにくいが，慣れてしまえばアドラー心理学の使い心地は悪くない。

　また，一般的なセラピーやカウンセリングに加えて，教育と子育てという領域も得意としているので，**教育や子育ての知見をコンサルテーションに活用**することができる。さらに，数多くの実践形態や技法があることも大きな利点となっている。

　このようにアドラー心理学には，しっかりした理論と柔軟で充実した技法があり，大いに臨床の助けとなってくれる。

Q　どのような事例に適用しやすいのか？

　A　前述のように，アドラー心理学は医療，教育，子育て，犯罪矯正など幅広い領域で実践されてきており，どのようなクライエントにも適用しうるものである。

　さらに，子育て支援や家族問題や教育でのコンサルテーションのように，クライエント自身からの相談ではなく，問題とされる人の関係者からの相談にも対応している。コンサルテーションやコラボレーションという形態は，アドラー自身の実践以来の実績がある（鈴木ほか，2015; p.20）。

　アドラーの著作では神経症や精神病が取り上げられているが，病態水準としては神経症の方が多いように思われる。また，アドラーは非行事例も多く扱っており，非行の力動を説明する優れた理論と言える。

　アドラー心理学は病理だけに特化しているわけではなく，**人間の生き方を扱っているので，自己探求，人生相談，キャリア・カウンセリング，ビジネスなどにも適用**されている。

　このように，アドラー心理学は子どもから大人まで，病理や非行から一般まで，幅広く対応してきている。日本では心理臨床よりも，子育て支援と教育領域の実践の方が多い。心理臨床における発展に期待したい。

Q 他の流派との折衷はできるのか？

A 理論における折衷や統合はそうたやすくないが，技法的な折衷なら十分に可能である。アドラーの理論で他派の技法を用いることや，他の流派の文脈でアドラーの技法を用いることができよう。元々，アドラーからの影響を受けている，もしくは，アドラーの理論とかなり類似している流派ならば，遺伝子が似ているので相性は悪くない。

技法に関しては，「アドラー心理学の理論（目的論や全体論など）や思想・態度（共同体感覚・勇気づけ）に合っていれば，どのような技法でも使ってよい」（鈴木ほか，2015; p.121）。他の技法の衣を借りても中身がアドラーならば，他の技法を適宜使用できる。アドラー心理学は「使用の心理学」と名乗るだけあって実践的である。

Q 全般性不安症の人にどう対処したらいいのか？

A クライエントは過去の経験から紐解いて未来の失敗や困難を予期している。そして，その思い描いた苦境に立たされて打ちのめされることを過度に恐れている。仕事に就きたいと相談には来たものの，心配のあまり行動に移せないという神経症的な「はい，でも」スタイルである。ライフスタイルは「私は追い詰められた状況では焦ってうまくすることができない」というような類いのもので，最終的な目標としては「安全」を願っているのかもしれない。

まず，その人の不安が警告しているリスクは現実に起こる確率の低いものであること，そのリスク回避行動が現実回避になっていること，避けるべきはリスクではなく不安であるという峻別をしっかりしてもらう必要がある。さもないと，クライエントが一生懸命リスクを避けようとしているのに，セラピストは不安をなくそうとするというズレが生じてしまうからだ。不安というものが問題であるという認識ができることは大きな一歩である。

方向性としては，自分ではなく（自己焦点）人に向かうこと（共同体感覚），守り（症状）ではなく挑戦すること（有益な行動），行動範囲を狭める（症状による撤退）のではなく広げていくこと（有

益な行動による前進),自己に向かって撤退し症状で城壁を固めるのではなく,目標に向かって前進し倒れてもくじけずに前を向くこと,勇気をもって挑戦することが望まれる。

このような方向で支援するために,面接では相手の勇気が増すような対応を心がけ,小さくても何かしら人の役に立つことができるような役割をとってみること(役付け)ができないか話し合ってみてはどうだろうか。

(4) 入　　　門

Q　アドラー心理学は難しいように思うのだが?

　A　確かにアドラー心理学は難しい。先達に倣いつつ,自分なりに消化していくしかない。

『アドラー臨床心理学入門』(鈴木ほか,2015)で取り上げた目的論,対人関係論,認知論,全体論,主体論などの理論がわかりにくい場合は,そこは飛ばして,勇気づけ,家族布置,家族会議,ペアレンティングなど,とっつきやすそうな技法から入ることもできる。技法に含まれたアドラースピリットから馴染んでいってはどうだろうか。

Q　どの本を読めばいいのか?

　A　過去にもいろいろな本が出版されているが,絶版が多いので,現在入手可能と思われるものを紹介する。

アドラーの原著の翻訳は岸見一郎が数多く手がけている。『個人心理学講義』(Adler, 1964),『人はなぜ神経症になるのか』(Adler, 1969),『人生の意味の心理学』(上下巻)(Adler, 1931),『生きる意味を求めて』(Adler, 1980)などがある。初めての人は難解に感じるかもしれないが,日本語訳が読めるのは幸いである。

アドラーを伝記形態で紹介しているのは,フロイトやユングなどと並んでアドラーを扱っている古典的名著『無意識の発見』(下巻)(Ellenberger, 1970),伝記の決定版と言える『アドラーの生涯』(Hoffman, 1994),入門書も兼ねた『初めてのアドラー心理学』

(Hooper et al., 1998) がある。

現在のアドラーブームは岸見一郎と古賀史健の『嫌われる勇気』（岸見，2013）のおかげであるが，以前から岸見は『アドラー心理学入門』（岸見，1999），『アドラー 人生を生き抜く心理学』（岸見，2010）など，翻訳以外にも入門書や解説書も多く出版している。

『嫌われる勇気』のヒット以降は，一般やビジネス向けのアドラー本が多く出版されている。中でも，岩井俊憲は『勇気づけの心理学』（岩井，2011）や『人生が大きく変わるアドラー心理学入門』（岩井，2014）などを始めとして多岐に渡るテーマでアドラー心理学を展開している。

マンガからアドラーに入りたい向きには，『マンガでやさしくわかるアドラー心理学』（岩井，2014），『コミックでわかるアドラー心理学』（向後，2014），『まんがで身につくアドラー』（鈴木，2014）などがある。

平易な解説書も数多く出版されているが，この本の共著者も『アドラー心理学―人生を変える思考スイッチの切り替え方』（八巻，2015）や『「ブレ」ない自分のつくり方』（深沢，2014）を記している。

教員向けとしては，『クラスはよみがえる』（野田ほか，1989），『先生のためのアドラー心理学―勇気づけの学級づくり』（赤坂，2010），『学級担任のためのアドラー心理学』（会沢，2014），『勇気づけの教室を作る！ アドラー心理学入門』（佐藤，2016）などがある。

クラス会議に関しては，『クラス会議で子どもが変わる』（Nelsen，1997）の翻訳が最初だが，『クラス会議入門』（赤坂，2015）や『クラス会議パーフェクトガイド』（森重，2015）など日本の教育現場での実践が形になってきている。

子育て向け，もしくは，おもに親教育向けとしては，星一郎が『アドラー博士の子どもに自信をつける30の方法』（星，2015）など「アドラー博士シリーズ」として以前から数多くの子育て本を執筆している。また，『ほめるより子どもが伸びる 勇気づけの子育て』（原田，2015）や，前出の岸見や岩井なども子育て向けの本を出し

ている。

　教育に比べて心理臨床への浸透度は低いので臨床家向けの本は少ない。この本も専門家向けであるが，他には，この本と同じ3人の著者による『アドラー臨床心理学入門』（鈴木ほか，2015），スクールカウンセリング向けの『アドラー心理学によるスクールカウンセリング入門』（深沢ほか，2015），思春期青年期の実践に向けた『若者支援のためのアドラー心理学入門』（深沢ほか，2017）などがある。また，コミュニティ心理学とシンクロした『コミュニティ・アプローチの実践―連携と協働とアドラー心理学』（箕口ほか，2016）も出ている。

Q　どの技法から学んだらいいのか？

　A　学校や家庭などの相談であれば，まずは**3つの子育て（教育）スタイル**という見立てを学んでみてはどうだろうか。これは命令型，服従型，選択型という3種類の教育モデルであり，見立てと同時に，それぞれのモデルのもたらす結果と，どのような対処がいいかを示してくれる。

　3つのライフ・タスクという視点も，相手の課題が何かを把握するときの枠組みとなる。人生には仕事，交友，愛という3つのライフ・タスクがあり，人それぞれのやり方で課題に取り組んでいるとされる。

　不適切な行動の4つの目的という見立てと介入がセットになった手法も，子育てや教育でよく使われている。これは目的論をわかりやすく類型化したもので，不適切な行動において考えられる注目，競争，復讐，無力提示という4つの目的を取り扱っている。

　課題の分離も定評ある考え方である。自他の課題や責任を分離して考えることで，問題を整理できてとても楽になれる。投影的同一視や主観的逆転移や纏綿になっているこんがらがった状況をシンプルに切り分けることができるからだ。

　自然の結末／論理的結末も子育てにおいて推奨されている技法で，本人が体験することで気づいていくという学びの真髄をあえて技法

として取り入れたものである。課題の分離も自然の結末も,自他の境界線を明確にした上で,相手を尊重して責任を託すものなので,よく「冷たい」と受け取られるが,そうではなく,「動じない,ぶれない,確固とした」態度を示している。

アドラー心理学の理念は全体として統一されているので,どの技法から学んでも構わないし,学ぶ順番が決められているわけでもない。自分がとっつきやすいものや使い易いものを試してみてはどうだろうか。

Q　アドラー心理学を学びたいのだが,どのような距離で接したらいいのか？

A　いろいろありだと思われる。技法だけの折衷,技法と理論の折衷,他のセラピーに軸足を置いたアドラーの技法や理論の取り込み,アドラーを軸とした他の技法の取り込み,他のセラピーとアドラーの統合などさまざまなスタンスが考えられる。

アドラー派は他派の取り込みをタブーとしない技法の多様性があるので,今まで学んできた他派のリソースを生かすことや,同時並行的に学んでいくこともできよう。

文　　献

Adler, A. (1931) *What Life Should Mean to You*. Little, Brown.（岸見一郎訳（2010）人生の意味の心理学,上下巻.アルテ.）

Adler, A. (1964; Original, 1929) *Problems of Neurosis: A Book of Case Histories*. Harper & Row.（岸見一郎訳（2014）人はなぜ神経症になるのか.アルテ.）

Adler, A. (1969; Original, 1928) *The Science of Living*. Doubleday Anchor Book.（岸見一郎訳（2012）個人心理学講義―生きることの科学.アルテ.）

Adler, A. (1980; Original, 1933) *Der Sinn des Lebens*. Fischer Taschenbuch Verlag.（岸見一郎訳（2007）生きる意味を求めて.アルテ.）

AdlerPedia：https://www.adlerpedia.org/（閲覧 2017/5/2）

会沢信彦（2014）今日から始める学級担任のためのアドラー心理学.図

書文化社.
赤坂真二（2010）先生のためのアドラー心理学―勇気づけの学級づくり．ほんの森出版．
赤坂真二（2015）クラス会議入門．明治図書出版．
Ansbacher, H. L. & Ansbacher, R. R. (1964; Original, 1956) *The Individual Psychology of Alfred Adler.* Harper Collins.
Ellenberger, H. F. (1970) *The Discovery of The Unconscious.* Basic Books.（木村敏ほか監訳（1980）無意識の発見（下）―力動的精神医学発達史．弘文堂．）
深沢孝之監修（2014）「ブレ」ない自分のつくり方．PHP 研究所．
深沢孝之ほか（2015）アドラー心理学によるスクールカウンセリング入門．アルテ．
深沢孝之他（2017）思春期・青年期支援のためのアドラー心理学入門．アルテ．
原田綾子（2015）ほめるより子どもが伸びる勇気づけの子育て．マイメージナビ．
Hoffman, E. (1994) *The Drive for Self: Alfred Adler and the Founding of Individual Psychology.* Addison-Wesley, Boston.（岸見一郎訳（2005）アドラーの生涯．金子書房．）
Hooper, A. & Holford, J. (1998) *Adler for Bignners.* Writers & Readers.（鈴木義也訳（2005）初めてのアドラー心理学．一光社．）
星一郎（2015）アドラー博士の子どもに自信をつける 30 の方法．ゴマブックス．
岩井俊憲（2011）勇気づけの心理学　増補・改訂版．金子書房．
岩井俊憲（2014）人生が大きく変わるアドラー心理学入門．かんき出版．
岩井俊憲（2014）マンガでやさしくわかるアドラー心理学．日本能率協会マネージメントセンター．
岸見一郎・古賀史健（2013）嫌われる勇気．ダイヤモンド社．
岸見一郎（1999）アドラー心理学入門．KK ベストセラーズ．
岸見一郎（2010）アドラー　人生を生き抜く心理学．NHK 出版．
向後千春（2014）コミックでわかるアドラー心理学．KADOKAWA．
箕口雅博ほか（2016）コミュニティ・アプローチの実践―連携と協働とアドラー心理学．遠見書房．
Nelsen, J., Lott, L., & Glen, S. H. (1997) *Positive Discipline in the Classroom.*

Prima Publishing.（会沢信彦訳（2000）クラス会議で子どもが変わる―アドラー心理学でポジティブ学級づくり．コスモスライブラリー．）
野田俊作・萩昌子（1989）クラスはよみがえる―学校教育に生かすアドラー心理学．創元社．
佐藤丈（2016）勇気づけの教室を作る！　アドラー心理学入門．明治図書出版．
森重裕二（2015）1日15分で学級が変わる！　クラス会議パーフェクトガイド．明治図書出版．
鈴木義也（2015）まんがで身につく　アドラー　明日を変える心理学．あさ出版．
鈴木義也・八巻秀・深沢孝之（2015）アドラー臨床心理学入門．アルテ．
八巻秀（2015）アドラー心理学―人生を変える思考スイッチの切り替え方．ナツメ社．

第6章へのコメント

Comment　　　　　　　　　　　　　　　　　　　　深沢孝之

　今まで私自身が受けた覚えのある質問が多く，自分も似たような答え方をしていたので心強く感じ，また，今までなかった視点も得ることができました。

　Q「アドラー心理学のような古いものを学ぶ意味はあるのか？」で，オーストリア・ハンガリー帝国の終焉という「脱君主」という時代潮流に対する，フロイト，ユング，アドラーのアプローチの違いが興味深かったです。フロイトは脱父権の葛藤，ユングは母性の探求，アドラーはリアルな社会の在り方の模索に向かった，まさに三者三様，「みんな悩んで大きくなった」（古い）のだと，100年前に思いをはせました。

　Q「アドラー心理学は病理とその対処をどのように捉えていたのか？」の答えを読んで，最近発達障害や精神障害をスペクトラムとして捉える傾向がありますが，まさにアドラー心理学は「劣等コン

プレックス・スペクトラム」といえると思います。

その中で多くの臨床家が関心を持つのは，いわゆるトラウマでしょう。心理臨床学は，トラウマを巡って発展してきたといっても過言ではありません。確かにアドラー心理学にはトラウマに対する独自の見解があります。別に特別変なものではないと思いますが，書きようによっては誤解を招く恐れもあるので，本書ではサラリとしか取り上げていません。

改めてトラウマに焦点を当てたアドラー心理学本も出せるといいかもしれませんね（次回作が決まった）。

全体を通して，以前から感じていたことですが，アドラー心理学は「野生の心理学」だと思いました。「野生の思考」は，かの人類学者レヴィ＝ストロースの言葉ですが，それをもじってアドラー心理学に当てはめてみるとよくわかるのです。

先ず，アドラー心理学はほとんどの臨床心理学派のルーツでもあり，直接間接に明確な影響を与えながらも，アカデミックな心理学との関係が薄く，広く世間の生活の中で一般の人たちに実践されてきたこと。

レヴィ＝ストロースがいうようにアマゾンの先住民はけして未開で未熟な思考をしていたのではなく，現代人と同じく高度な数学的思考を駆使していたように，アドラー心理学を実践することは科学的とされる認知行動療法やポジティブ心理学などを自然に実践するのと同様の行為になること。

先住民と同じく，その高度な心理学的実践は生活の中で使われるので，抽象的な概念の操作ではなく日常語が使われ，「具体の科学」（中沢新一（2016）レヴィ＝ストロース：野生の思考（100分 de 名著）．NHK出版．）といえること。

そしてレヴィ＝ストロースのいう先住民の「ブリコラージュ」（ありあわせの道具材料を用いて自分の手で物を作る）は，まさにアドラーのいう「使用の心理学」「大切なのは何を持つかではなく，持っているものをどう使うか」という精神と通じること。

などなど，いろいろな考えを巡らしました。

Comment　　　　　　　　　　　　　　　　　　　八巻　秀

　正直，今回の本でこのQ＆Aの部分は必要かな？と思った時もあったのですが，さすが鈴木先生，広い知識で満遍なくアドラー心理学への素朴な疑問に答えてくださって，私もアドラー心理学に対する知識の整理になり，勉強にもなりました。ありがとうございます。

　Q「ミルトン・エリクソンはアドラーから学んだのか？」という問いは，この本の執筆者3名とも，M. エリクソンが始まりと言われているブリーフセラピーを臨床で実践しているということから，我々の中でもずっと議論されてきたことですよね。エリクソン（1901-1980）は，当時主流の精神分析的治療やロジャーズ派のカウンセリングとは一線を画した独自の臨床技法を次々に生み出しましたが，それが生まれる起源として，エリクソンが子どもの頃から極めて重篤な身体障害（ポリオ）があったことがあげられています。ポリオのために目を除く全身が麻痺し動けなくなる中で，ねばり強く窓越しの景色や自分の妹の様子などをきめ細かく観察し続けたことが，奇跡的な回復と「観察眼」を身につけたとも言われています（Zeig, J. K. & Munion, W, M. (1999) *Milton H Erickson*. SAGE Publications.（中野善行・虫明修訳（2003）ミルトン・エリクソン―その生涯と治療技法．金剛出版．））。

　ここで，1920年代にアメリカでミリオンセラーになったある本の一節をご紹介しましょう。

　「器官劣等性 Organ Inferiority は，多くの障害をもたらすが，この障害は，決して逃れられない運命ではない。もしも，心がそれ自体で積極的であり，障害を克服するために一生懸命働けば，障害を持たずに生まれた人と同じだけ成功して当然なのである。実際，器官劣等性のある子どもは，障害があるにもかかわらず，非常にしばしば，あらゆる利点と共に人生を始める子どもたちよりも多くのことをなしとげる。障害が，刺激になって，前に進むことを可能にする。例えば，少年は，視覚障害のために並外れたス

トレスをこうむるかもしれない。視力のいい他の同年齢の子どもよりも、見ることに集中する。目に見える世界により注意をする。そして、色と形を区別することにより関心を持つ。ついには、見える世界を、それを見るために目を緊張させない子どもたちよりも、理解するようになるのである。こうして、不完全な器官が大きな利点の源泉になりうる」

まるで、エリクソンの子ども時代の状況や心情を、そのまま描いているように思えるこの文章は、実はアドラーによって書かれたものです(Adler, A. (1931) *What Life Should Mean to You*. Little, Brown. (岸見一郎訳（2010）人生の意味の心理学．アルテ.))。アドラーもまた、幼い頃「くる病」に苦しんだ経験があり、その「くる病」克服のプロセスが、個人心理学の始まりでもあったとも言われているのです。このアドラーの器官劣等性の考え方を偶然にもエリクソン少年もまた全く同じように実践していたのですね。ちなみに『器官劣等性の研究(*Study of Organ Inferiority and its Psychical Compensation*)』(1907)は、1910年代にはすでにアメリカで英訳出版されていましたが、エリクソンがそれを読んだのかどうかは定かではありません。でも鈴木先生のご指摘のように読書家エリクソンが読んでいた可能性はありそうですよね。

Q「アドラー心理学は難しいように思うのだが？」という問いは、私もいろいろな方から言われますね。特に「本は読んだけれど、実践するのは難しい」というセリフは、何度聞いたことか〜（笑）。アドラー心理学に限らず、心理臨床の実践は本を読んだだけでは、身につくようになるのは難しいことは確かです。よく言う「『わかる』と『できる』は違う」というやつですよね。やはり「できる」ようになるには「練習」や「お稽古」が必要。もちろん、本を読んで自分だけで実践しようとする意欲はすばらしいですが、いろいろなアドラー心理学の学びの場はどんどん増えていますから、ぜひ一度そこに出かけて、講師や仲間から学ぶことも大事だと思います。

私が知る範囲ではありますが、以下にアドラー心理学を継続的に

学べる場を簡単にご紹介しましょう。詳しくはネットで検索してくださいね。(ABC 順)

① 「アドラーギルド」(大阪):アドラー心理学を初めて日本に紹介した野田俊作氏が中心になって研修や講演を行っている組織。日本全国に勉強会の地方組織がある。
② 「ヒューマンギルド」(東京都新宿区):30 年以上アドラー心理学を中心とした研修を行っている会社。代表は多くのアドラー心理学の著作がある岩井俊憲氏。
③ 「IP 心理教育研究所」(東京都渋谷区):座談会(7 章)に参加してくださった箕口雅博氏が主宰。アドラー心理学(+コミュニティ心理学)を中心に,勉強会や講座の開催している。
④ 「日本アドラー心理学協会」(福岡市):「使えるアドラー心理学講座」などを開催。アメリカ・ミネソタ州のアドラー心理学大学院を修了した梶野眞氏が代表理事を務めている。
⑤ 「日本支援助言士協会」(横浜):「支援助言士」というアドラー心理学をベースにした資格のための講座をひらいている。本書の執筆者 3 名も講師を担当。
⑥ 「日本臨床・教育アドラー心理学研究会」(主に文教大学で開催):2011 年より年に 1 回の大会と研修会を開催している。本書の執筆者 3 名も役員をしている。
⑦ 「早稲田大学オープンカレッジ」(東京都中野区):早稲田大学の向後千春氏が講師でアドラー心理学の入門講座を毎年定期的に開いている。

　他にもここではあげきれないくらいの多くのアドラー心理学の学びの場があります。
　アドラー心理学は「使用の心理学」ですから,ただ知るだけでなく,生活や仕事で使いこなせるようになると,その素晴らしさをさらに実感できます。だからこそ,定期的に学びの場に行ってみることは大事。どうぞ本だけにとどまるのではなく,ネットで検索してみて,その機会を見つけたら,ぜひ足を運んで,ライブでアドラー心理学を学ぶことをしてみてください。

第7章
座談会
「臨床アドラー心理学のすすめ」

開催日：2017年3月27日
開催場所：東洋学園大学本郷キャンパス

出席者
箕口雅博（みぐち・まさひろ：立教大学名誉教授，立教セカンドステージ大学兼任講師）
八巻　秀（やまき・しゅう：やまき心理臨床オフィス代表，駒澤大学教授）
深沢孝之（ふかさわ・たかゆき：心理臨床オフィス　ルーエ代表）
鈴木義也（すずき・よしや：東洋学園大学教授）

はじめに

八巻：今日はあらためて，この本『臨床アドラー心理学のすすめ』の執筆者3名に，昨年アドラー心理学とコミュニティ心理学の統合を目指す本を出された箕口先生にも加わっていただいて，「それぞれのアドラー心理学との出会い」「なぜ対人援助職などの専門家にアドラー心理学の学びが必要なのか」「アドラー心理臨床の基本姿勢とは何か」などというテーマで座談会形式で，自分の経験を踏まえつつ，ざっくばらんにお話ししていきたいと思います。よろしくお願いします。

深沢：そうですね，我々にとっては面白いですけど，読者にはそうではないかもしれませんね（笑）。

八巻：いやいや，面白いと思う読者がいると信じて～（笑）。

アドラー心理学との出会い（八巻・深沢）

八巻：まずは私から。私自身は，ずっとブリーフセラピーを学びつつ臨床実践してきた一方で，アドラー心理学も細々と学んできていたんですが，最初はその両者は，私の中ではつながっていなかったんですね。ブリーフセラピーでは，これまでも臨床技法としていろいろな方法が提示されていて，臨床成果としてもとても有効なので，それらを取り入れて臨床現場で使ってきたんです。

　一方で，アドラー心理学は，私にとっては"講演など一般の方に向けて使用する言葉"のためだったんですね。大学に勤務するようになって，いろいろなところから講演を依頼されるようになった。そんな講演会で臨床のことを語る際に，"臨床で得た知見や知恵"をどうしたら一般の人に伝えることができるだろうと考えたときに，アドラーの言葉はとても分かりやすかった。アドラー心理学の学びは，東京から地方に私の勤務地が変わったこともあって，一旦保留になっていた時期があったんですけれど，再度しっかりと学び始めたら，やっぱり面白いということで，学びすすめていくうちに，よくよく考えてみたら「あれ，アドラーって元々臨床家だったよな」とあらためて当たり前のことに気づいた（笑）。それから学会などで深沢先生や鈴木先生と出会って，お互いにアドラー好きを確認しあって（笑），だんだんブリーフセラピーの臨床実践とアドラー心理学の考え方がつながっていったという感じでした。

　だから，あらためてもっとアドラー心理学の臨床実践での活かし方を，専門家に明確に提示していく必要があるのではないかと思うようになりました。

深沢：私はいきなりアドラーから臨床に入っているんですよね。1988年に私は山梨県に採用されたのですが心理職でなく，今でいう知的障害児施設で指導員として働いていました。その後児童相談所に異動して，児童福祉司を経て心理職に変わりまし

た。アドラーの学びはその辺りから始めました。まだ臨床心理士ができて間もない頃で，先輩たちも持っていない人が大半でしたね。

　アドラー心理学についてはウイーンでアドラーが児童相談所を作ったということもあって，親近感がありましたね。学んでみると，これは子どもの臨床に使えるはずじゃないかと思っていて……。なのに，同僚も上司も誰も知らないし，アドラー心理学自体が終わった話みたいに受け取られている感じで。これはどういうことなのかなと思いながらも，学びをすすめていきました。児童相談所には「心理診断」というのがあって，子どもの処遇を決めるためのアセスメントを作るのですが，アドラー心理学の「ライフスタイル・アセスメント」がすごくいいと気づいて，「早期回想」やアドラーの言葉を入れながら，アセスメントを作っていました。今でもライフスタイル・アセスメントは試行錯誤しながら使っています。

　どういう効果があったかというと，児童相談所の処遇というのは基本的に長期的なもので，さまざまな要因が絡むので効果を見るのが難しいのですが，ただ私のアセスメントを見てくれた上司・仲間・施設の方たちから，「とてもわかりやすい」「良い」と言っていただけましたし，他の機関の心理士に「こんな風に書いたらいい」とすすめてくれた先生もいたと聞いています。精神科で働いていた時は，私が勤めていた病院は薬理系の先生が多かったのですが，その先生方からも信頼をいただくこともできました。アドラーが臨床のスタイルとして成立するんだということに確信が持て，それこそ勇気づけられました。

八巻：そのアドラー心理学によるアセスメントの評価は，心理畑の人ではない人からの方が，むしろ良かった？

深沢：他職種，ソーシャルワーカー，保健師，医師などの人達から，「深沢さんの作るアセスメントはわかりやすい，役に立つ」と言っていただいたことに，勇気づけられましたね。

八巻：考えてみると，アドラー自身の臨床活動も，心理職や精神科

医に対してだけでなく,教師やソーシャルワーカーなど他職種との恊働にも貢献してきたんですよね。アドラーの言葉というのはわかりやすく,職種を越えて共有しやすいんですよ。このように心理の仕事の裾野が広がっている現代だからこそ,アドラー心理学の学びが専門家には必要なんですね。

箕口:まさにその通りだと思います。

深沢:目的論という視点も,当たり前のようで,ある種,新鮮ですよね。どうしても精神分析的アセスメントだと,「疾病利得」という発想がありますが,同じようであっても原因論がベースだから,語り方がちょっと引き気味な感じなんですよね。過去の方が大事だみたいな。でも目的論の視点にすると,ソリューション的なところがありますよね。ただ,アドラーは技法的な部分は足りなかったので,ブリーフセラピーと家族療法を学んだことで,目的論的発想をより具体化することができるようになりました。この2つにはずいぶん助けられました。

アドラー心理学との出会い(鈴木・箕口)

八巻:鈴木先生や箕口先生は,アドラーとの出会いはどんな始まりでしたか?

鈴木:私は最初,来談者中心療法や精神分析をやっていたのですが,「もうそろそろ臨床を辞めて隠居しようかな」と思っていました。実際には辞めなかったのですけど,行き詰る感じでした。その時に,催眠やブリーフセラピーやアドラーに出会って世界が開けたのです。

　アドラーは札幌にいたとき大通り公園メンタルクリニックの山田秀世先生にお声かけしていただいたのがきっかけで,ヒューマンギルドの岩井俊憲先生やペルグリーノ博士にお会いすることになりました。そのつながりで,青沼真弓先生にもお誘いいただいて札幌アドラーサークルに参加するようになりました。それまで,アドラーを臨床で使っている人との接点がなく,本を読んでいるだけの塩漬け状態だったのですが,研修に出て一

気に広がりました。さらに『初めてのアドラー心理学』(一光社,2005年)を翻訳してもう12年経ちました。皆さんと出会って,いろんな学会で発表して,だんだんつながってきたという感じがします。

八巻：鈴木先生や深沢先生が登壇した2008年の筑波大学での日本心理臨床学会の自主シンポジウムでは,私は参加者の一人でしたね。その会場は,奥の奥のまたさらに奥にある端っこの会場で,ホントそこに行くまでに迷いましたね(笑)。一体他に誰が来るんだろうと思っていたら,その時の参加者は私を含めてたった2人(笑)。

深沢：そうでしたね(笑)。その翌年の日本心理臨床学会秋季大会の東京フォーラムでの発表が,2回目です。そこには,箕口先生や浅井健史先生(明治大学)が参加してくださいましたよね。

鈴木：発表すれば,少しは広がってくるのですね。

八巻：みんなでアドラー心理学の発信をどんどんと始めたから,人と人がつながっていって,さらに臨床の理論や思想などが活性化されたという感じはありますよね。"塩漬け"状態から,やっとみんなで味わえるようになってきた。

鈴木：私たちはゆるくつながってきましたが,アドラーを学んだ沢山の方々の中には,アドラーから離れる人もいます。今でもアドラーを続けている人は,当然ですけど,アドラーの良さに惹かれているということですよね。

八巻：2010年のブリーフサイコセラピー学会の長崎大会で,アドラー心理学の自主シンポジウムをやった時に,ブリーフセラピーの大御所の先生が何人か参加してくださって,そこで「実は,若いときアドラーをやっていた」という話を聴きましたね。

箕口：いわゆる「隠れアドレリアン」は,結構いらっしゃいますよね。

鈴木：人によっては通過点でもいいと思いますが,もっと留まって発信したいと思います。アドラーを実践することは日本の臨床界における「オルタナ(別の道)」になることだと思います。日

本のアドラー第二世代としても新しい味になっていくのかなと。発信していけば流れができるのではと思いましたし、今皆さんと話をしていて、もうそうなっているのかもしれないと思いました。

箕口：私の場合は、コミュニティ・アプローチとの出会いが最初です。学生の頃、私のいた慶応大学に山本和郎先生が非常勤で教えに来られていた時の授業をきっかけに、「コミュニティ心理学」という新たなアプローチに触れることができました。それ以降、(後にコミュニティ心理学会をともに立ち上げた) 久田満先生（上智大学）や原裕視先生（目白大学）達と、山本先生のご自宅で「コミュニティ・アプローチ」の勉強会をしていましたし、まだ、慶応に山本先生が来られる前、先生の職場である国立精神衛生研究所で展開されていた研究プロジェクトに、我々学生がボランティアとして、発達障がいのグループの子どもたちと関わったり、振り返りのミーティングに参加したりしていました。また、山本先生の学校コンサルテーションに一緒について行ったりしていましたので、私の中では初めからコミュニティ・アプローチの視点を持った臨床が基本でした。

　大学院を出た後に、東京都精神医学総合研究所の社会精神医学研究室という、いわゆるコミュニティ・アプローチに重なるような研究部門に心理研究職として配属されました。そこでは「中国帰国者の適応プロセスと支援体制の研究」に取り組むほかに、総合病院の精神神経科における臨床研究にも携わっていました。具体的には、総合病院精神神経科受診者の多くを占める「抑うつ障害」の人を対象にした「集団ボディワークプログラム（グループ運動表現療法と称していました）」を医師たちと新たに開発し、導入・評価することにも取り組んでいました。このグループには、当初から心理や福祉、演劇を専攻する学部・大学院生がボランティアとして参加していたことも特徴でした。

　その後、しばらくしてから、研究所の兼務研究員であった星一郎先生に出会って初めてアドラー心理学を知り、野田俊作先

生の研修会に出たり、ヒューマンギルドとも関わり始めていましたが、研究所にいたころは、コミュニティ・アプローチとアドラー心理学の接点はほとんど考えていなかったですね。病院における個人臨床にアドラー心理学をどう使えるかを考えていました。1990年代に入って、星先生が、研究所で「アドラー心理学研究会」を始められ、事務局の役割を担いながら、参加していました。この研究会には、当時、社会精神医学研究室の兼務研究員であった高畠克子先生（日本・精神技術研究所／元東京女子大学）や法務技官をされていた池田忠義先生（東北大学）、そして心理専攻の学生であった浅井健史先生も参加されていました。

1999年に大学の教員に就いてから、先の「アドラー心理学研究会」を発展させるかたちで、「東京アドラー心理学研究会」を毎月1回、大学のキャンパスで継続的に開催するようになりました。同時に、星先生、高畠先生と一緒に、「IP心理教育研究所」を設立し、アドラー心理学の研鑽と臨床の場にしていました。こんなふうにアドラー心理学を学びながら、大学の教育でコミュニティ・アプローチを教えていくなかで、だんだん、コミュニティ心理学とアドラー心理学との接点が見えてきたんですね。

ひとつは、先生方の本で言われている臨床実践に必要な「技法・理論・思想」の「思想」の部分が、コミュニティ・アプローチと重なるのではないかと思い始めたんです。

コミュニティ・アプローチとアドラー心理学

八巻：コミュニティ・アプローチにも、「思想」はあるんですね？
箕口：よくいわれるのが、コミュニティ心理学には、理念とか思想、大まかな技法はあるけれど、理論が弱いと言われているんです。他の臨床心理学と比較すると、「社会の変革を通して個人と環境の適合をめざす」という理念や姿勢はものすごく明確。共同体感覚の育成をはじめとして、社会志向性、多様性の尊重、専門

家，非専門家の連携と協働，予防的介入など，コミュニティ・アプローチとアドラー心理学の発想が重なっていると気づき始めて，学部や大学院の「コミュニティ心理学」の授業の中にアドラー心理学を取り入れた授業に取り組むようになりました。

　また，私自身がコミュニティ・アプローチとアドラー心理学の接点を一番最初に感じたのは，"コンサルテーション"という介入と援助の方法でした。コミュニティ心理学が生まれる100年も前から，親に対しても教師に対しても有用なコンサルテーション・サービスを展開していたアドラーの考えと実践に触れたのが最初で，それから少しずつ両アプローチの接点を考えるようになったというか。

八巻：コミュニティ心理学の世界の中では，アドラー心理学との共通項は，議論されたりするんですか？

箕口：不思議なことに，ほとんどないのです。

八巻：先生が2016年に『コミュニティ・アプローチの実践―連携と協働とアドラー心理学』（遠見書房）を出されたので，そろそろ議論が出て来てもいいのかなと思うんですけれども。

箕口：私が調べた欧米の文献の中では，コミュニティ・アプローチとアドラー心理学の接点について検討した論文がひとつだけありました（King, R. A. & Shelly, C. A. (2008) Community feeling and social interest: Adlerian parallels, synergy and differences with the field of community psychology. Journal of Community & Applied Social Psychology, 18, 96-107.）。コミュニティ心理学は，なぜアドラー心理学を無視してきたのか，今後の統合は可能なのかという内容です。アドラー心理学は，深層心理学のひとつだという捉え方をされてきたと同時に，アドラー心理学の正式な呼称である「個人心理学」という呼び方が，コミュニティを重視する理論を捉えにくくしており，コミュニティ心理学から無視されてきたのではないかと述べています。またアドラー心理学は，公理と事例研究による質的研究法にもとづいて理論を組み立てていくのに対して，コミュニティ・アプローチ

は，アクションリサーチや量的研究法を重視して理論と実践を組み立てていく方法の違いについても触れています。さらに，コミュニティ・アプローチは個別臨床よりも予防を重視していて，個別臨床を軽視する傾向があるのに対して，アドラー心理学は個別臨床も予防も両方とも重視する側面をもっていると述べています。最終的には，両アプローチの違いを超えて，「社会的包摂」「予防と健康増進」「エンパワーメントと勇気づけ」「生態学と全体論」「共同体感覚とコミュニティ感覚」などの共通する原理・志向性・理念にもとづいて，それぞれのアプローチの特性を相補的に活用することの重要性を指摘しています。

鈴木：コミュニティ心理学会の方は驚かれたのではないでしょうか。

箕口：そうかもしれないですね。実際，コミュニティ心理学会の中でも，まだアドラー心理学が浸透していないですし，これから少しずつと思っています。そうした試みの一環として，ともにアドラー心理学をコミュニティ心理学を学んできた浅井健史先生と，ドン・ディンクマイヤーの学校コンサルテーションに関する本を翻訳して出版する予定になっています（遠見書房刊行）。

深沢：その本はずっと翻訳本が出たらいいなと思っていたんです。

アドラー心理学と他の心理療法とのつながり

鈴木：それぞれ，催眠，精神分析，家族療法，ブリーフセラピー，コミュニティ心理学などをしてきたのですが，一方でアドラーをやっていたからこそ，アドラーで理論的にも人脈的にもつながったのですね。アドラーを知っておいて良かったと改めて気づきました。

八巻：私がブリーフセラピーや家族療法と出会う前，まだ私が学校の教員をやっていた頃，1990年代の初めですね，ヒューマンギルドでアドラー心理学の基礎講座を受講しました。その後，心理の仕事についてから，ブリーフセラピーや家族療法に出会ったんですよね。さっきも言ったように，アドラー心理学から離れていた時期があったんだけれども，それを再び学び始めると，

ブリーフセラピーや家族療法とだんだん近づいてくるんですよ。そしてつながる。

　今思っているのは，私にとっては，ブリーフセラピーとか家族療法などは「手足（技法）」で，システム論や社会構成主義が「頭（理論）」，そしてアドラー心理学は「体（思想）」なんだと。私の臨床実践において，体（アドラー心理学）を主体にしておくと，セラピストとしての臨床姿勢が安定するんですよね。いくら外部からのいろいろな刺激があっても怖くないというか。その「体」の部分を，私は「臨床思想」と名付けています。アドラー心理学の臨床思想を基盤（ベース）にして考えていくと，今の自分は安定しているように感じますね。最近注目されてきている「オープンダイアローグ」にもアドラー的なものを感じて驚かないですし（笑）。

鈴木：アドラーは，フロイトやユングのように，深層の心の旅には行けないし，神話の世界のような面白い話が何もない，身も蓋もない現実的な社会志向でつまらんですね（笑）。

深沢：アドラーは，行動主義心理学のように，動物には還元しないじゃないですか。アドラー心理学は，還元主義ではないところがミソかなとは思いますよね。あくまでも人間のレベルでというか。フロイト的な人間観とは異なってはいても，仏教の縁起論やベイトソンの関係性の思想のように，すべてがつながっている，という哲学的な，あるいはスピリチュアル的なものとの接点がアドラー心理学にはあると考えています。岸見一郎先生もギリシア哲学とアドラー心理学をいつも重ねて論じていますし。また必ずしも「深い方がスピリチュアル」ということではない訳で。たぶんそこは「ドグマ」というか。

八巻：それこそ私は今，「オープンダイアローグ」とアドラー心理学がどうつながっているかということについて考えています。オープンダイアローグで言われていることの1つには，対話を続けることが治療的になるということがある。極端に言うと，ただ「対話それだけに徹するための思想」なんですよね。統合失

調症の急性期であろうと何であろうと，その場で対話をしていきましょうと。そのことによって，健常になっていくという発想。

箕口：まさに「現実」ですよね。

八巻：そうなんです。現実に徹するという考え方が治療的になるという発想。それで，それってずっとアドラーがやってきたことですよね。今，オープンダイアローグのエビデンスが出ている中で，いろんな研究がなされてきている。それはこれまでのアドラー心理学では説明しきれない部分について，臨床実践研究的に取り組んでいるとも言えますよね。

アドラー心理学と宗教的・スピリチュアル的なもの

八巻：一方で，アドラー心理学をやっている中からスピリチュアル化していく人もいる。アドラー心理学だけでは説明しきれない部分を，スピリチュアル化あるいは宗教化していく，例えば仏教に入信する先生方がいらっしゃいますよね。宗教（心）を持つことは，個人的には大切だと思いますが，臨床家としての役割としては，宗教からではなく，1 mm でも 2 mm でもそれに「現実」から近づくようなアイデアや工夫を徹底的に考えて見つけようとして，目の前の人の幸せを応援することが，「臨床家」の姿勢のような気がするんです。

　東豊先生（龍谷大学）が提唱した「P-N 循環理論」というのは，心の中に P（ポジティブ）要素と N（ネガティブ）要素があって，それらが対人関係でも循環するという理論なんです。その中の「縦型 P 循環」という考え方が，私はすごく好きなんです。いわゆる「神様」と自分との間に P 循環を起こすということ。それをアドラー心理学的に私なりに考えたのが，「縦型 P 循環」に匹敵する（？）「神様への勇気づけ！」（笑）。

深沢：際どいですね。あの存在への？

八巻：神様のような存在に勇気づけをすることが，縦型 P 循環のようなことが起きる。シンプルに例えると，あの存在（神）に祈

るときに,「ありがとう・うれしい・助かる」と言えばいいんですよ。

深沢:「神様,ありがとう」……普通,そういいますよね。あ,勇気づけですね。神様を勇気づけているんだ。あ～,なるほど。

八巻:臨床家としても神様へ勇気づけする。そこまではギリギリ許容範囲かと（笑）。たとえ宗教がわからなくても,スピリチュアル的なところへの現実からのアプローチをかけている。そういうことをやっていくことも,結局,共同体感覚の育成につながるのかなと思うんですよね。

深沢:ものすごい面白い切り口だと思いますけど,まだ発表する段階ではないですよね（笑）。実は私は若い頃に先にかなりぶっ飛んだことしていたので（笑）,今は地道に地道に。

八巻:アドラー心理学を地道にやっていくと,ユングなどとは違う流れで,スピリチャルな感じに近づいていく感覚はわかりますよね。それがブリーフセラピーだけだとそうはいかないと思います。

深沢:ブリーフセラピーは,工学的ですよね。

八巻:コミュニティ心理学で言う「コミュニティ感覚」とはどんなニュアンスですか？

箕口:コミュニティ心理学で言うコミュニティ感覚は,アドラー心理学でいう共同体感覚とは大分違います。コミュニティ感覚は,現実の社会への関心。アドラーの言う共同体感覚は,宇宙まで行きますからね。広い意味での社会への関心。

鈴木:現実路線ぐらいの方がいいのかなと思いますよね。ぶっ飛んでしまうよりは。

八巻:そうですよね。ただ逆に,現実主義すぎると良くないですし,バランスが大事ですよね。

鈴木:アドラーは,その点,隙間産業だと思いますよ。

一同:（笑）

深沢:一般の方達も参加する心理学的な運動となると,いわゆる民俗宗教的なもの,パワースポットやオーラみたいなのも入って

くる可能性がありますが，それはある程度許容した方がいいと思います。マーケティング的にも有用ですし。現に私の知っている範囲にも何人かいらっしゃいます。その中でも，「臨床をやる私たちの間では，あくまでも普通に踏みとどまる」というスタンスがハッキリ明確であればいいわけです。一方でスピリチュアル系の人たちにもアドラー心理学の認知が広がっていくことは，ありなのではないかと思っています。アドラー心理学が広まっていって，そこに宗教的なものやスピリチュアル的なものが入ってくるのは避けられないですし，また否定もできないですし。

対人援助職のアドラー心理学の学び

八巻：一般の方に広まっていくアドラー心理学と，専門家や対人援助職に向けて深めるアドラー心理学と，今は２つの岐路に立っているじゃないですか。我々としては，対人援助職の専門家の方に向けて，アドラーの学びを深めていく活動をしてもいいのかなと思いますよね。

深沢：専門家としてアドラーの学びをするとは，「人としての平等性を保つことであって，権威性を求めているわけではない」ということを前提にする意思が明確であれば，いいのかなと思いますね。あと，私の課題だと思っているんですが，アドラーの良さを専門家に伝えるときに，私も何冊か本を出版させていただいてますが，その方法として，「アドラーはこんなに使えますよ」というアピールをするやり方があります。これまでの私が関わった本はそうでした。アドラー心理学を現場で使ったエピソードを集めたものです。もう一つは，『嫌われる勇気』のような一般向けの自己啓発書みたいに，「アドラーはこう言った」というような表現の仕方があります。ブリーフセラピーは効果・効率，CBT（認知行動療法）は数字によるエビデンス，マスの量的研究でアピールしていますよね。

　では，アドラーは，どういう表現が良いのか明確ではなくて。

箕口：昔，野田先生は講座の中で，アドラー心理学は「公理」だとおっしゃっていました。それを基本前提として実践していくということでした。

深沢：共同体感覚に尺度を作っていく動きも出ていますし，そのようなアドラー心理学の概念を心理学的な構成概念と定義して測定するみたいな動きがあります。もちろんそれは大事で，今まで欠けていた部分だと思うんですが，専門家に向けた表現として，他に説得力がある方法が何かあればと。

八巻：研究として？

深沢：そうですね，専門家は研究的なものを読むので。

八巻：今この書いている本は専門家向けですが，ちなみに本での表現の方法も？

深沢：本での表現も，また学会発表での表現も入るかもしれません。

八巻：今回3人で作成している本の提案時のイメージとしては，オープンダイアローグの論文である「対話実践の実践度に関わる12の基本要素」(インターネットで公開されている論文) だったんですね(Olson, M. 訳, Seikkula, J. & Ziedonis, D. (2014). The key elements of dialogic practice in Open Dialogue. The University of Massachusetts Medical School. Worcester, MA. (山森裕毅・篠塚友香子訳訳 (2016) オープンダイアローグにおける対話実践の基本要素―よき実践のための基準. 2016.05.13-15, オープンダイアローグワークショップ資料，62-79.))。オープンダイアローグを実践するために12の要素が必要という表題があって，それを簡単に説明して，その後に対話事例を逐語で起こしている。

　そういう記述のアドラーの本は今までにないですし，それに加えて著者同士のリフレクションを加えることによって，よりアドラー心理学的な対話になっていいと思ったんですよね。対話・逐語で，アドラーのエッセンスが載っているものをもっと出したいと。あとは学術的な質的研究は書きたいですね。会話の中で生まれてくるものを大事にすることが，「アドラー心理臨

床」だと思うので，質的研究の流れには乗りやすいと思うんですよね。他に誰か書いてくれないかな〜（笑）。

深沢：まだまだ大事な意味がアドラー心理学には隠されているんだと思いますね。私も質的研究には関心があります。一方でアドラーのペアトレーニングの効果研究は，早稲田大学の向後千春先生のところがやっているようですが，そういったプログラムの効果研究は，世間にアピールしやすいかもしれません。

鈴木：アドラー心理学は価値観がありますが，実証主義的なアカデミックな世界では，そもそも価値のような前提を設定すること自体が間違っているとされてしまいます。アドラーの実証的な部分も展開していってもらいたいですね。

八巻：河合隼雄先生が紹介するユング臨床は，私にとっては違和感なく受け入れやすかったですけどね。その分野の研究者の誰が言うかによって受け入れ方が変わりますよね。

深沢：やっぱり指導者や紹介者の存在は大きいですね。あるユング派の先生は，エビデンス重視の考え方に否定的みたいですね。「深奥なる心理臨床」とかいって。

アドラー心理学における「力動」

鈴木：精神分析やユングの人達からは，行動療法やブリーフは，表層的だと言われますよね。アドラーはフロイトの言う無意識の自律性は否定していますが，「力動」なら提示してもいいと最近思います。

深沢：「力動」という概念に対するジョイニングですね（笑）。

鈴木：アドラー心理学は力動的な心理学だとするアドレリアンの本もあるので，「力動」はフロイトの専売特許ではなく，アドラーでも同じ土俵で挑んでいいのではないかと。フロイトは原因論，アドラーは目的論という形で，ダイナミックなカラクリを「力動」と呼んでいます。

深沢：私はいいと思います。応援します。「アドラー力動心理学入門」というテキストで挑戦するとか。「力動」という言葉をリフ

レーミングする訳ですよね。

八巻：う〜ん，どうかな〜？　例えば，「コーラ」と言えば〜「コカ・コーラ」ですよね。実はペプシとか他のメーカーのもあるけど，「コカ・コーラ」の強いイメージに負けちゃう。「コーラ」は「コカ・コーラ」の専売特許ではないはずなのに。同じように，専門家の中での認知として「力動」といえば「フロイトの精神分析」，というイメージが強いじゃないですか。そのなかであえて「力動」をアドラーで説明します？　やはり「力動」はどうしてもフロイトのイメージが強いんですよね。「コンテクスト」では，いかがですか？　未来志向的ですし。

鈴木：コンテクストだと，今度はブリーフセラピーやポストモダンのイメージが強いので，アドラー的な「力動」を提示できたらと思ったのですが……。何か新しい言葉を作りますか，「動力」とか？（笑）

八巻：「目的論」だけではダメですか？

鈴木：いいと思いますが，「動き」という言葉がアドラーではよく出てくるので。

深沢：精神分析の人たちに対して，アドラーを表現するときに「力動」を使うのは面白いと思います。共通ワードであっても違和感が生じ，またそこで反論も含めたリフレクションが生じる訳で，単純に面白いなと思いますね。

八巻：我々は最近，ブリーフセラピーにジョイニングしているじゃないですか（笑）。今度は精神分析にジョイニングすると。

鈴木：ブリーフセラピーにジョイニング，CBTにジョイニング，コミュニティ心理学にジョイニング，精神分析にジョイニングとか，色んなジョイニングも面白い（笑）。

八巻：その4つの中で，精神分析へのジョイニングが一番難しいと思う（笑）。「力動」という言葉だけでは受け入れてくれないような。両者は長い歴史があるから。

深沢：コフートの自己心理学はどうですか？　和田秀樹先生は最近アドラーが大好きみたいですから。アルテから『アドラーと精

神分析』を出しましたし。和田先生をここにお呼びしたいですね。

鈴木：そうやってジョイニングができるところが，アドラー心理学の面白いところですよね。

八巻：私たちが今取り組んでいるブリーフセラピーへのジョイニング「ブリーフセラピーとアドラー心理学をつなげること」に対して，「どうしてつながる必要があるの？」という問いが起こって当然だと思うんです。その問いに対して，明確に答えられなければならないと思うんですよ。それは，前にも言いましたが，アドラー心理学は体（思想）なので，いろんな新しい技法（手足）がどんどん生み出されていく中で，体（思想）がしっかりしていないと，ぐらつきますよと。アドラー自身もフロイトと別れてから，しっかりと思想を身に付けながらも，「早期回想」などの臨床技法を提示したし，それをさらに後進が先鋭化していったのが，今のブリーフセラピーなどの技法だと思うんです。だから，しっかり思想を身に付けておくといいと思いますよ〜。これが私が今の時点でブリーフの人たちに答えられることです。

　それで，少し鈴木先生に反論なんですが「力動」を共通ワードにして精神分析とつながる場合，似ているだけでは仲良くなれないのかなと。ブリーフセラピーの場合は，アドラー側から「思想の部分を忘れていませんか？」と突っ込んで，議論し続けられる。という訳で，鈴木先生はなぜ，「力動」という共通項を強調して，精神分析とアドラーの接続を進めていきたいとお考えですか？

鈴木：接続するということは全く考えていなくて，ただアドラーに「力動的なものが流れている」ということを言いたいだけです。エレンベルガーの『無意識の発見』の副題は「力動的精神医学発達史」ですが，フロイト以前や以降にも力動的セラピーはいろいろあり，アドラーもそのひとつなわけです。

八巻：なるほどね。私の「力動」の認識（思い込み？）が少し変わってきましたね〜（笑）。

アドラー心理学と他の心理療法との共通性

深沢：私の感覚ですが，最近の大学院で精神分析を教わっている人は，精神分析ゴリゴリではないですよ。ブリーフセラピーもCBTも知っていて，相対的な視点を持っているので，「力動」という表現があった場合，関心や共感を持つ人もいるのではと思います。山梨の仲間から，アドラーは面白いですね，と言われますしね。そういった"共感"を引き出す可能性は，感じますよね。本来臨床家ならば，アドラーが使えるなら使いたいと思っているんですよね。

箕口：去年の，臨床心理士の試験にアドラー出ましたしね。

深沢：何回かあったみたいですね。公認心理師試験にアドラー出したいですよね。

一同：（同意）

八巻：箕口先生は，コミュニティ心理学とアドラー心理学をつなげていくことの意義は，どうお考えですか？

箕口：『コミュニティ・アプローチの実践―連携と協働とアドラー心理学』を書いていた当初は，交差点というイメージを持っていましたが，実際書いていくうちに，「コミュニティ心理学とアドラーの統合」なのかなと思いました。今はまだ，それぞれの持っている特徴を相補的に実践で使っていくというイメージですが，最終的には，統合したいと。コミュニティ心理学にはない理論を，アドラー心理学の理論が埋められることもあると思います。

八巻：九州大学名誉教授の田嶌誠一先生がおっしゃっている心理臨床活動における【現場のニーズを「汲み取る，引き出す，応える」】というテーマは，コミュニティ心理学会の講演でも，田嶌先生自身がお話しされていたということでしたよね。

　昨年，その田嶌先生の九州大学退職記念シンポジウムに参加して，私がその時，発表させて頂いたのが「アドラーと田嶌先生は，似ている！」（笑）

深沢：確かに似てますよね〜（笑）。たぶんアドラーはあんな感じの人だったんだろうなと思います。

八巻：田嶌先生は「児童養護施設の安全委員会方式」という1つのシステムを作った人だから，アドラーがウイーンで児童相談所というシステムを作ったのと似ている。あと，おそらくですが，田嶌先生もアドラーもグルメだったんじゃないかと（笑）。

深沢：アドラーは太ってたしね（笑）。

八巻：田嶌先生はスリムだけど，グルメですよ（笑）。でも，ともかく臨床を大事にしているところ。発想がコミュニティだけど，それを良い意味で全面には出さない。

箕口：似てますね。コミュニティ・アプローチのキャッチフレーズを「綿密なネットワークと軽快なフットワークそして少々のヘッドワーク」として使っているんですけれど，田嶌先生からも，このキャッチフレーズ使っていいですか，と許可願いがありまして……。

一同：（笑）

深沢：田嶌先生のゼミのスローガンに似てますよね。

八巻：「こころはアマチュア，腕はプロ。補おう，腕の不足は体力で」でしたよね（笑）。"田嶌臨床""アドラー心理学""コミュニティ・アプローチ"がどこかで通底している部分がありますよね。

これからアドラー心理学を学んでいく人のために

鈴木：これからアドラー心理学を学んでいく人に対しては，「アドラーのこういったところが良い」とか，「アドラーのこれを知るといい」とか，「私はアドラーのこれで役に立った」とかを伝えて，食わず嫌いをしないで食べてもらいたいなという思いがあります。「美味しい」と言ってもらえたら嬉しいですね。

深沢：最初は広く学んでいくうちの選択肢の中に，アドラーも学んで欲しいという想いが私たちにはあるじゃないですか。そこから先は，現場のニーズとか，その人のキャラとか色んなものが

あって，臨床家としての自分の核を作っていくというプロセスがありますよね。私たちのような感じだと，結局アドラー的になっていくんだろうという気がしているんですよね。

　臨床しながら自分をみつめていく作業をしていく中で，アドラー的なものが支え・助けになることがあるようにも思いますし，その中で可能ならば，アドラーの専門家としても，プロパーにやってもらえる人が出てくれると嬉しいなと思います。1人でも増えてもらえたらと思います。

八巻：今の話を聴いていて，頭の中に浮かんできたのは，私が駆け出しの頃の苦労話なんですけど，大学院を出て最初に勤務したクリニックの前半4年間は，正直地獄でした（笑）。後半の4年間は，楽しかったんですけれど。その地獄の4年間は，徹底的に精神分析のトレーニングを受けたんですね。その頃を振り返ってみて，今の若い人たちに伝えたいのは「精神分析的なトレーニングだけが，臨床心理の学びの全て，あるいは王道とは限らないよ！」と言いたい。

　あの時は，まさに自分の心を縦に見ていました。自分の深層心理や過去を見つめて，あの当時のスーパーバイザーから「あなたは『口愛期の固着』があります。3歳までに母親の愛情を受けていない」と言われ，ショックを受けて，思わず母に電話で「3歳まで愛情注いでなかった？」と聞いたら，「馬鹿じゃないの?!」と言われたことがあります（笑）。

　今でも，心理の専門家になるトレーニングは，自分自身を見つめて，自己分析もして，SVなり，教育分析を受けて，という流れは王道と，多くの人が思っているじゃないですか。私も経てきたけれど，それが今の自分を作っているとはあまり思わないんですよね。それに対するアンチテーゼでここまで来ていると，私は思っているので（笑）。後半の楽しかった4年間というのは，それらをある意味放棄したんですよ。その頃からシステム論やブリーフを細々と学び始めたんですが……。今から思うと，上司にジョイニングしたんですよね。それから治療成績が

よくなって。

　わかったことは，いろいろな人との関係性が臨床の大きな鍵を握るんだなと。つまりこれは，共同体感覚の発想。クライアントだけではなくて，自分が所属する組織のつながりの中で，自分が臨床実践をやっているんだから，それらを総動員した臨床を大事にすること。それで治療成績があがったんですよね。まさにアドラー的な学び。

　共同体感覚の育成とは，その感覚を知って実行することだと思う。心理の専門家になる学びは，自己探求型の学びと，人とのつながりの中の学びの両方がある。だから，まず，大学院生などに言いたいことは「まずは，大学院生同士，仲良くしよう！」という横の学びをして欲しいなと。仲良くなるためのシステムを君たちが作らなければならないと。それが，現場でいいチームを作っていくことにつながるし。「横の学びを提供するところは，意外にないですよ〜。アドラー心理学は横の学びですよ〜。一緒に学びませんか〜」と（笑）。

箕口：私は恋話が好きでして，大学院生の会話の中の恋話だけが聞こえる地獄耳なんですけれど（笑），それに対して，勇気づけたりしています。

八巻：恋愛は，つながりの極致ですよね。箕口先生から，これからアドラーを学ぶ人に対して何かありますか？

箕口：ひとつは，臨床をやっていく上での基本姿勢として，八巻先生もおっしゃっていたように，ボディ（思想）の部分を学んでいくことが，アドラー心理学の良いところではないかと思います。

　そういった意味では，コミュニティ・アプローチも，臨床に対する姿勢や思想をすごく大事していますし，それは他の臨床心理学との違いかと。また，アドラー心理学もそうですが，"価値" を導入した心理学なので，学んで欲しいなという想いはありますね。

八巻：思想・哲学というと，歳をとった人生のベテランの方（？）

が学ぶイメージはありますが。

箕口：若いうちから学んでいいと思います。あとひとつ，教員としての経験の中でなんですが，コミュニティ心理学は，初めて学ぶ学部生にとって，一見馴染めない，よくわからない，掴みどころがない，という風に思いがちなんですけれど，コミュニティ・アプローチの思想性を，意外と理解してくれるんですよね。逆に，大学院に入ってきた学生はなかなか理解がすすまないことがあります。というのは，すでに自分のこれからの学びがある意味固まっているというところがあるんです。早い段階の方が，理解しやすいのかなと思います。

八巻：いずれ皆様と一緒に書きたいと思っているんですが……。「臨床思想入門」とか「臨床思想体系」という本を作りたいんですよね。皆さんが臨床の中で得た思想を語る。それをまとめたいんですよね。アドラー心理学の臨床思想をはじめとして，コミュニティ・アプローチの思想とか，CBTの思想とか，そういった臨床思想を全面に出した本をいずれ出したいと思っているんですね。それは間違いなくアドラー心理学はベースになりうるでしょうし。若い人が読める本になると思うんですよね。

深沢：確かに，若いときは実験心理なんて面白味を感じにくいという人もいるし，いろいろと知りたくて大学に入っているのに，実験心理に適応する人と，挫折してドロップアウトする人といるんですよね，学部レベルだと。アカデミックな心理学にうまく適応する人としない人がいて，それは何かというと，自分なりの課題や悩みがあったりして，哲学や思想的なものに関心があり，いざ心理学を学ぶと実験や統計があって，「あれ，これ心理学なのかな」と。そういった意味では，アドラー心理学をアピールするのはいいと思いますよね。

八巻：一般的に学ぶ多くの思想や哲学というのは，一人のカリスマがいて，その人が提示するものですよね。それと，臨床思想はまた違うと思うんです。それはみんな各自の臨床経験から抽出された思想なので。

深沢:世界が広がりますよね。

鈴木:将来のセラピーはアドラー心理学みたいになるよとアドラーは予言をしています。アドラーという流派が広がったわけではないけれど、今のセラピーの中身は本当にアドラー的になってきていると思います。時代が今やアドラーに追いついてきたという感じで、古いものとして捨てきれません。

八巻:そのためには、学べる素材をどんどん提供していくこと、アドラー心理臨床を発信していくことが大事ですよね。

横のつながりであるアドラー心理学

鈴木:アドラーは「民主的」という言葉を使わなかったようですが、「民主的な社会」を作っていくという目標がアドラー心理学にはある。それは価値観ですが、そのくらいの価値観なら言ってもいいのかなと思います。一人一人を尊重するというのは今や当たり前の考え方ですが、そういった民主的なコンセプトは臨床にとっても有益だと感じています。

　ウイーンの新しい共和制の時代に実践されたいくつかの民主的な手法として、会議をするとか、代表を選ぶとか、話し合うとかして、みんなでやっていこうというものを、アドラーは家庭や学校や臨床でも実現していこうとしました。現代の日本社会にもいい考えだと思います。

深沢:歴史の話になりますけど、柄谷行人という思想家の、『世界史の構造』(岩波書店)にあったんですけど、古代ギリシアの時代、アテネの他に「イオニア」という都市があって、アテネの民主制よりも前だけど進んでいて、一人一人が自立していて排他的な氏族意識を持たず、外国人も差別しないし、奴隷も少なかったそうです。「イソノミア(同等者支配)」というらしいですけど、そういう平等社会がギリシャの一角にあった、ということが書いてあったんですけど。柄谷行人氏によると、ギリシアの偉大な文化は、アテネではなく、イオニアから出現したのだそうです。きっと世界のあちこちに、そのような理想の共同体の

イメージや実践のルーツがあるかもしれません。ヨーロッパの思想や哲学の中にあった共同体感覚のルーツみたいなものをアドラーは継承していたのかも，と想像したことがあります。

鈴木：そういった意味では，日本のコンテキストとはちょっと違う感じはしているんですよね。

深沢：私は日本の土着の思想を，アドラーの思想の中に見出す作業が，長い時間をかけてやっていく必要があるような気が実はしていて……それは，私は，縄文だと……広がり過ぎてやめます（笑）。

鈴木：なるほど，茶室に入るときは身分を捨てるし，神事の無礼講なんかもありますよね。そういった横の文化のコンテキストが，日本にもあるのかもしれないですね。

八巻：日本の土着の思想にアドラー的なものがあったとしても，個人的には仏教じゃない気がするんですよね～。おっと私，仏教系の大学教員ですが……（笑）。

深沢：私も，仏教ではなくいわゆる古神道なんじゃないかなと思っているんですけどね。最近の国家神道じゃなくてね。そういった古い横のつながりを探していくアドレリアン募集中ということで（笑）。

鈴木：縦社会ばかりだと息苦しくなるので，横のつながりや民主的に協力して行くという価値観があるといいですね。そういう価値観がないと提言できないし，新しい社会が生まれない。心理学教育の中では，価値を持つことがすごく抑圧されていますが，心理学も社会貢献をしなくてはならいのだから，方向性を打ち出すことを恐れてはいけないと思います。

箕口：コミュニティ・アプローチで「予防的介入」がありますが，予防の効果といっても，実証はなかなか難しいですよね。「でも予防は，やる必要があるよ」というのは，つまり"価値観"ですしね。

八巻：何も起こらなかったからこそ，予防が実証されたことになる（笑）。なかなか難しいですよね。

おっと,そろそろお時間ですか。いや〜たっぷりといろいろな話ができました。今日は皆さんありがとうございました。

あとがき

　さて，相互コメントに，対談にと盛り沢山で，アドラー心理臨床学をひもといたこの本もいよいよできあがったようである。
　アドラーの心理臨床は何かが違う。その魅力を感じる私たちが語るささやかな発信ですが，ご賞味頂ければ幸いである。
　では，おさらいを兼ねて，以下の臨床姿勢メモのうちで，ピンときたものの□にチェックを入れてみてください。

目的論
□人は自分の目的を自覚していない。
□物語には必ず結末がある。
□原因を知りたいなら目的を見る。

対人関係論
□人は対人文脈から抜けられない。
□犯人（原因論）ではなく，共犯者（問題の相手役）を探そう。
□どんなポジションにいたかが参考になる。

認知論
□その話は「認知」であると認知する。
□人は意味づけながら生きている。
□常識的か私的なのかを識別する。

全体論
□人は何であれまとまらざるをえない。
□どこを切り取ってもその人らしさが出てくる。
□部分でなく全体も見てみる。

あとがき●鈴木義也

主体論
☐変わる努力もあるが変わらない努力もある。
☐これまでは選んできたんだと思ってみる。
☐創造できることを想像する。

ライフスタイルとライフ・タスク
☐自分と世界に対する見方から生き方がわかる。
☐理想は何かを尋ねてみよう。
☐扱われていないライフ・タスクも参照する。

勇気
☐勇気が溜まると動けるようになる。
☐どうしたら勇気が増すかを考える。
☐結果ではなく勇気を応援する。

共同体感覚
☐民主的な集団を目指したい。
☐社会と有益につながれたらいい。
☐共同体感覚は育てていくもの。

不適切な行動
☐どんな形であれ人は自分を通そうとする。
☐駆け引きがあることに気づく。
☐駆け引きから降りることも選択肢のひとつ。

その他
☐症状はゆえあって使われている。
☐行動を変えたいなら，相手役の反応を変えてみる。
☐ややこしく感じたら，「これは誰の課題か」と考えてみる。
☐自然の結末は学びのチャンス。
☐昔話の教訓は今も生きている。

□有益な目的や手段に方向づける。

　チェックが25個以上だった人はアドラー通，15を超えた人はかなりなじんできた人，5以下の人はこれから吸収していける人です。
　さらに詳しく知りたい方は本文をご覧ください。

鈴木義也

索　引

あ行

相手役　16, 18-20, 26, 90, 108, 112, 174, 175
as if テクニック　92, 93
アドレリアン・コンサルテーション　108, 119
逸話　93, 94
意味づけ　25, 43, 45, 51, 54, 58, 72, 78, 92, 93, 95, 125, 131, 174
岩井俊憲　24, 41, 103, 140, 143, 148, 152
エリクソン（ミルトン）　41, 96, 135, 146, 147
オープンダイアローグ　43, 120, 121, 158, 159, 162
親の期待　58, 59

か行

外在化　38, 39
隠れアドレリアン　153
仮想目標　20, 26
家族会議　53, 115, 117, 126, 139
家族価値　59
家族の雰囲気　59
家族布置　47, 57-59, 70, 88, 139
家族療法　21, 28, 29, 42, 43, 96, 124, 152, 157, 158
課題の分離　90, 91, 104, 106, 113, 115, 117, 126, 141, 142
器官劣等性　3, 81, 146, 147
気功法　89
岸見一郎　24, 41, 78, 80, 103, 139, 140, 142, 143, 147, 158
逆説的指示　96
究極目標　67-69

共感　21, 26, 31, 92, 111, 112, 116, 135, 166
共同体感覚尺度　47, 79
共同体感覚の相互育成　40, 41
嫌われる勇気　4, 41, 90, 103, 114, 134, 140, 143, 161
クラス会議　115, 126, 140, 143, 144
原因論　19, 26, 99, 126, 132, 133, 152, 163, 174
コミュニティ心理学　6, 124, 141, 148, 149, 154-157, 160, 164, 166, 170
コンフロンテーション　99, 100

さ行

再教育　82
再方向づけ　82
催眠　93, 152, 157
自己概念　55, 69, 72, 88
自己理想　55, 59, 69, 73, 75, 87, 88, 127
資産　77, 78, 120
システムズアプローチ　116
自然の結末　97, 106, 115, 141, 142, 175
疾病利得　51, 152
自分を用いる　35, 36, 39, 41, 43, 44
社会統合論　16
宿題　89, 93, 104, 135
主体論　45, 125, 139, 175
ジョイニング　21, 28, 29, 36, 42, 163-165, 168
使用の心理学　78, 126, 138, 145, 148
神経症　51, 52, 58, 60, 75, 78, 127-130, 137-139, 142

索　引 ● Index

深層心理学 128, 156
信用 23, 40, 52, 53
信頼 21, 23, 25-27, 40, 47, 73, 82, 96, 99, 101, 106, 111, 112, 151
SMILE 117
精神分析 42, 80, 81, 84, 128, 146, 152, 157, 163-166, 168
世界像 69, 72, 73, 88
全体論 45, 54, 66, 79, 105, 125, 128, 138, 139, 157, 174
早期回想 47, 62-66, 69, 70, 77, 87, 88, 105, 126, 151, 165
臓器言語 67

た行

第3勢力 134
対人関係論 16, 24, 45, 101, 107, 121, 125, 139, 174
田嶌誠一 42, 166
治療的楽観主義 13-16, 24, 26
ディンクマイヤー（ドン） 108, 157
特殊診断質問 47, 68, 72, 105
トラウマ 62, 63, 114, 115, 120, 145

な行

二匹の蛙 14
認知論 45, 92, 125, 139, 174
野田俊作 103, 144, 148, 154

は行

発達障害 102, 114, 118, 144
万事見方次第 78, 127
P-N循環理論 159
不完全な停滞 50, 51
不適切な行動の目標（目的） 87, 112, 141
フランクル（ビクトール） 96, 124, 134
ブリーフセラピー 23, 26, 42, 73, 78, 89, 105, 133, 146, 150, 152, 153, 157, 158, 160, 161, 164-166
ペアレント・トレーニング 117, 118
星一郎 140, 143, 154
ボディ・ランゲージ 66

ま行

マインドフルネス瞑想 89
マズロー（アブラハム） 124, 134
3つの子育て（教育）スタイル 141
3つのライフ・タスク 141
『無意識の発見』 81, 124, 128, 139, 143, 165
無益な側面 49, 51, 131
メタアセスメント 116, 119
メタファー 93, 94, 104
目的志向性 20, 21
目的論 19-21, 45, 67, 81, 99, 101, 112, 125, 132, 133, 138, 139, 141, 152, 163, 164, 174
目標追求性 102

や行

有益な側面 46, 54, 131, 134
優越コンプレックス 102, 129, 130
勇気 4, 23, 24, 27-30, 40-43, 46, 49-51, 53, 61, 77, 82, 87, 90-93, 101, 103-105, 111, 112, 114-118, 121, 126, 130-134, 138-140, 143, 144, 151, 157, 159-161, 169, 175
勇気づけ 23, 27-30, 40-43, 91-93, 101, 103, 104, 111, 112, 115-118, 121, 126, 133, 138-140, 143, 144, 151, 157, 159, 160, 169
ゆる体操 89, 104
横の関係 30, 31, 35, 36, 39, 83, 101, 111, 121

ら行

来談者中心療法 152
ライフ・タスク 46, 51, 52, 55, 57, 60, 80, 83, 89, 104, 115, 126, 141, 175
ライフスタイル 25, 26, 46-49, 52, 54, 55, 57-62, 64-70, 72-76, 80, 82, 83, 87-89, 93, 100, 104, 113, 115, 126-128, 130, 131, 138, 151, 175
ライフスタイル・アセスメント 80, 87, 88, 93, 100, 151
ライフスタイルの3つの構成要素 69, 72

ライフスタイル類型 47, 74
力動 46, 50, 51, 53, 54, 66, 67, 80, 81, 127, 128, 137, 143, 163-166
力動的精神医学 81, 143, 165
臨床思想 13, 24, 25, 40, 41, 84, 105, 158, 170
劣等感 3, 59, 78, 102, 126, 127, 129
劣等コンプレックス 102, 129, 144
論理的結末 97, 98, 106, 115, 126, 141

著者略歴

八巻　秀［ヤマキシュウ］
1963年，岩手県生まれ。東京理科大学理学部卒業，駒澤大学大学院人文科学研究科心理学専攻修了。臨床心理士，指導催眠士。現在，駒澤大学文学部心理学科教授，やまき心理臨床オフィス代表

深沢孝之［フカサワタカユキ］
1965年，山梨県生まれ。早稲田大学第一文学部心理学専修卒業。人間総合科学大学大学院人間総合科学研究科心身健康科学専攻修了。臨床心理士，臨床発達心理士，シニア・アドラーカウンセラー。現在，心理臨床オフィス・ルーエ代表

鈴木義也［スズキヨシヤ］
国際基督教大学大学院教育学科教育心理専攻博士前期課程修了。臨床心理士，学校心理士。現在，東洋学園大学人間科学部人間科学科教授。

臨床アドラー心理学のすすめ
セラピストの基本姿勢から実践の応用まで

2017年8月8日　初版発行

著　者　八巻　秀・深沢孝之・鈴木義也
発行人　山内俊介
発行所　遠見書房

〒181-0002　東京都三鷹市牟礼6-24-12
三鷹ナショナルコート004
（株）遠見書房
TEL 050-3735-8185　FAX 050-3488-3894
tomi@tomishobo.com　http://tomishobo.com
郵便振替　00120-4-585728

印刷　太平印刷社・製本　井上製本所

ISBN978-4-86616-033-7　C3011
©Yamaki Shu , Fukasawa Takayuki, & Suzuki Yoshiya 2017
Printed in Japan

※心と社会の学術出版　遠見書房の本※

遠見書房

ナラティヴ，あるいはコラボレイティヴな臨床実践をめざすセラピストのために
高橋規子・八巻　秀著
クライエントと会話をしながら，伝説の臨床家は何を考え，感じているのだろうか？　本書に詰まっている知恵は，あらゆるセラピー技法に普遍的な考え方・実践である。3,400円，A5並

DVDでわかる
家族面接のコツ①夫婦面接編
東　豊著
初回と2回めの面接を収録したDVDと，書籍にはケースの逐語，坂本真佐哉との詳細な解説，そして面接の根幹をなす書き下ろし論考等を収録。天才セラピストによる面接の極意。6,600円，A5並

DVDでわかる
家族面接のコツ②家族合同面接編
東　豊著
初回と2回めの面接を収録したDVDと，書籍にはケースの逐語，東豊と盟友児島達美による詳細な解説等を収録。天才セラピスト東豊による家族面接DVDシリーズの第2弾。6,600円，A5並

DVDでわかる
家族面接のコツ③P循環・N循環編
　東　豊著／解説 黒沢幸子・森俊夫
初回と2回めの面接を収録したDVDと，書籍にはケースの逐語，東豊と黒沢幸子，森俊夫によるブリーフ的，システム論的解説を収録。家族面接DVDシリーズの第3弾。6,600円，A5並

ディスコースとしての心理療法
可能性を開く治療的会話
児島達美著
世界経済や社会傾向の変動のなかで，心理療法のあり方は問われ続けている。本書は，そんな心理療法の本質的な意味を著者独特の軽妙な深淵さのなかで改めて問う力作である。3,000円，四六並

森俊夫ブリーフセラピー文庫①
心理療法の本質を語る
ミルトン・エリクソンにはなれないけれど
森　俊夫・黒沢幸子著
未来志向アプローチ，森流気質論など独特のアイデアと感性で，最良の効果的なセラピーを実践できた要因は何か。死を前にした語り下ろし。2,200円，四六並

森俊夫ブリーフセラピー文庫②
効果的な心理面接のために
心理療法をめぐる対話集　森　俊夫ら著
信じていることは一つだけある。「よくなる」ということ。よくなり方は知らん……。吉川悟，山田秀世，遠山宜哉，西川公平，田中ひな子，児島達美らとの心理療法をめぐる対話。2,600円，四六並

解決の物語から学ぶ
ブリーフセラピーのエッセンス
ケース・フォーミュレーションとしての物語
狐塚貴博・若島孔文 編著
リソース，ワンダウン，パラドックス，コンプリメント等，ブリーフセラピーを学び，ケース・フォーミュレーション力を培うことを目指す。2,400円，四六並

ナラティヴ・プラクティス
セラピストとして能く生きるということ
高橋規子著　吉川悟編
オリジナリティあふれる研究・論文を発表し続け，早逝した稀代の臨床家 高橋規子。誠実で，効果のある心理療法を追い求めたセラピストの遺した珠玉の論文集。4,200円，A5並

ナラティヴ・時間・コミュニケーション
野村直樹著
フィールドワークから生まれた発想と，刺激的な対話が織り成す，講義ノート！　キューバのリズムをBGMにナラティヴ（物語り／語り）とコミュニケーションに，時間を組み入れた，新しい世界観を呈示する。2,000円，四六並

価格は税抜です

※心と社会の学術出版　遠見書房の本※

遠見書房

コミュニティ・アプローチの実践
連携と協働とアドラー心理学

箕口雅博編

コミュニティのなかでどう動き，協働し，効果ある実践を行うか。この本は，心理・社会的なコミュニティへの支援のすべて描いたもので，多くの読者の臨床現場で役立つ一冊である。3,800円，A5並

サビカス
ライフデザイン・カウンセリング・マニュアル
キャリア・カウンセリング理論と実践

M・L・サビカス著／JICD監修

キャリア構成理論を基礎に生まれた「ライフデザイン・カウンセリング」の手引き。自伝的な物語りを手掛かりに人生を再構成していく。2,000円，A5並

私のキャリア・ストーリー
[書き込み式ワークブック10冊セット]
ライフ・キャリアを成功に導く自伝ワークブック

M・L・サビカスほか著／JICD監修

小社刊行のサビカス「ライフデザイン・カウンセリング・マニュアル」用の記入式ワークブック。面接や研修に最適。2,800円，A4判16頁の冊子10冊入

ホロニカル・セラピー
内的世界と外的世界を共に扱う統合的アプローチ

定森恭司著

心の深層から身体，関係性や社会に至るまで，人間のありようを部分⇔全体的にアプローチする独創的な心理療法 ホロニカル・セラピー。新しい心理宇宙を開く必読の書。3,100円，A5並

子どもの心と学校臨床

SC，教員，養護教諭らのための専門誌。第14号 学校現場で活かすアドラー心理学（八巻 秀編）。年2（2，8月）刊行，1,400円

その場で関わる心理臨床
多面的体験支援アプローチ

田嶌誠一著

密室から脱し，コミュニティやネットワークづくり，そして，「その場」での心理的支援，それを支えるシステムの形成をつくること——田嶌流多面的体験支援アプローチの極意。3,800円，A5並

医療におけるナラティブとエビデンス
対立から調和へ［改訂版］

斎藤清二著

ナラティブ・ベイスト・メディスンとエビデンス・ベイスト・メディスンを実際にどう両立させるのか。次の時代の臨床のために両者を統合した新しい臨床能力を具体的に提案する。2,400円，四六並

非行臨床における家族支援

生島 浩著

非行臨床の第一人者で，家族支援の実践家としても高名な著者が支援者としてのノウハウと研究者としての成果を1冊にまとめた集大成。心理関係者・学校関係者・警察や裁判所，児相などの司法関係者などにオススメ。2,800円，A5並

ナラティブ・メディスン入門

小森康永著

本書は，シャロンの『ナラティブ・メディスン』をひもとき，精密読解，パラレルチャート，アウトサイダー・ウィットネスなどの方法論を具体例を交えて分かりやすく解説。日本における著者らの刺激的な試みも紹介した。2,500円，四六並

教師・SCのための心理教育素材集
生きる知恵を育むトレーニング

増田健太郎監修・小川康弘著

仲間づくりから，SNSでの付き合い方まで，さまざまなニーズに合わせた「こころの授業」で，子どもの今の力を生きる知恵に変えていく。ベテラン教員のアイデア満載。2,400円，B5並

価格は税抜です

※心と社会の学術出版　遠見書房の本※

遠見書房

条件反射制御法ワークブック
やめられない行動を断ち切るための
治療プログラム【物質使用障害編】
　　　　　　長谷川直実・平井愼二著
病院や司法などの施設で物質乱用のメカニズムを学びながら，条件反射制御法のステージを進めてゆくイラスト満載のプログラム手引き。1,200円，B5並

混合研究法への誘い
質的・量的研究を統合する新しい実践研究アプローチ
日本混合研究法学会監修／抱井尚子・成田慶一編
混合研究法の哲学的・歴史的背景から，定義，デザイン，研究実践における具体的なノウハウまでがこの一冊でよく分かる。知識の本質を問う新しい科学的アプローチへの招待。2,400円，B5並

自分描画法の基礎と臨床
　　　　　　　　　　　　小山充道著
幼児から高齢者まで２千人を超える人々に描いてもらった自画像研究から生まれた自分描画法。この研究から活用までの全貌がこの１冊にまとまった。自分への振り返りを短時間に，抵抗も少なく深められる特性がある。4,600円，A5並

心理学者に聞く
みんなが笑顔になる認知症の話
正しい知識から予防・対応まで
　　　　　　　　　　　　竹田伸也著
本人・家族・支援者のために書かれた高齢者臨床を実践し介護にも関わる心理学者ならではの，予防と対応のヒント集です。1,400円，四六並

緊急支援のアウトリーチ
現場で求められる心理的支援の理論と実践
　　　小澤康司・中垣真通・小俣和義編
今，対人援助の中で大きなキーワード「アウトリーチ」を現場の感覚から理論と技術をボトムアップした渾身の１冊。個人を揺るがす事件から大規模災害まで援助職は何をすべきか？　3,400円，A5並

事例で学ぶ生徒指導・進路指導・教育相談
中学校・高等学校編　改訂版
　　　長谷川啓三・佐藤宏平・花田里欧子編
思春期特有の心理的課題への幅広い知識や現代社会における家庭の状況等の概観，解決にいたったさまざまな事例検討など，生きた知恵を詰めた必読１冊が改訂。2,800円，B5並

緊急支援のためのBASIC Phアプローチ
レジリエンスを引き出す６つの対処チャンネル
M・ラハド，M・シャシャム，O・アヤロン著
　　　　　　佐野信也・立花正一 監訳
人は６つの対処チャンネル；B（信念），A（感情），S（社会），I（想像），C（認知），Ph（身体）を持ち，立ち直る。イスラエル発の最新援助論。3,600円，A5並

興奮しやすい子どもには
愛着とトラウマの問題があるのかも
教育・保育・福祉の現場での理解と対応のヒント
　　　西田泰子・中垣真通・市原眞記著
著者は，家族と離れて生きる子どもたちを養育する児童福祉施設の心理職。その経験をもとに学校や保育園などの職員に向けて書いた本。1,200円，A5並

子どもの心と学校臨床
SC，教員，養護教諭らのための専門誌。第16号 SCの個人面接——学校コミュニティの中での実践と課題（福田憲明編）。年２（２,８月）刊行，1,400円

N：ナラティヴとケア
人と人とのかかわりと臨床・研究を考える雑誌。第８号：オープンダイアローグの実践（野村直樹・斎藤　環編）新しい臨床知を手に入れる。年１刊行，1,800円

価格は税抜です